牟宗三　主講
林清臣　記錄

中西哲學之會通十四講

臺灣學生書局印行

序

此講辭是十年前在臺大繼「中國哲學十九講」後而續講者。十九講早已出版，而此講辭則因當時諸研究生俱已出國深造，無人由錄音帶筆錄爲文，遂成蹉跎。後由林清臣同學獨自擔任筆錄，聯貫整理，共十四講，先發表于東海大學「中國文化月刊」，後復轉載于「鵝湖」雜誌。

清臣是臺大老同學。原讀化工系，後學醫，專精腦神經科，現在日本研究老人科。彼一生副習哲學，從未間斷。三十年前，吾之「認識心之批判」由友聯出版時，唯清臣讀之甚精。後凡吾在臺大、師大所講者，彼率皆由錄音聽習。彼之筆錄此十四講並非易事。平素若不熟練于西方哲學之思路與辭語，則甚難著筆從事。故其錄成文字，功莫大焉。蓋吾課堂之講說並無底稿。若不錄成篇章，則縱有錄音，亦終將如清風之過耳，一瞬即逝，無由得以留傳人間，廣佈社會，此豈非大爲可惜之事乎？

又彼筆錄之時，每成一講，必由其夫人正楷謄寫寄吾改正，改正後，復由其夫人再謄清一過，然後始交東海大學中國文化月刊發表。如此愼重將事，當今之世，何可多得！值茲付印之時，略發數語以識其賢伉儷好學之眞誠。時在民國七十九年三月也。

牟宗三 序于九龍

目次

第一講 中西哲學會通的可能性：哲學真理之普遍性與特殊性

我的講題是「中西哲學會通的分際與限度」，這是個大題目，在此只能長話短說，把大題目做簡單地敘述。講這個題目具有雙重性格，一方面要通學術性，一方面要通時代性，要關連著時代。

中西哲學之會通是核心地講，由此核心擴大而言也可說是中西文化之會通。文化之範圍太大，可以從各角度，各方面來看，但向內收縮到最核心的地方，當該是哲學。哲學可以做龐大的文化這一個綜和體的中心領導觀念。故欲了解一個民族的文化，開始時可以散開地由各方面來看，從各方面向內湊，如從文學、歷史、經濟、社會、政治等各方面湊到核心，還是個哲學問題，這一種講法可以說是歸納的講法。哲學地言之，也可說是一種現象學的講法，即由文化各方面做現象學之分析與描述。但我們現在不採取這種講法，而直接地由核心講，故就落在哲學上。

哲學從關連著文化來講，哲學就是指導文化發展的一個方向或智慧，也即指導一個民族文化發展的方向與智慧。假若內在于哲學專就哲學本身而言，哲學有很多種定義，我們現在不談。關連著文化講，哲學就是文化發展的指導方向。這一個原則，無論應用到中國，西方與印度，同樣適用而有效。

中國文化由堯舜起經夏商周而一直發展到現在，爲什麼是這一個形態呢？西方文化由希臘、羅馬經過中世紀而到近代文明，爲什麼是那個形態呢？印度文化爲什麼又是這樣呢？各文化形態之所以如此這般，最核心的地方就是哲學的觀念在領導著，總而言之，人類世界之各文化系統皆是如此。

就眼前我們所處的時代，爲什麼有這麼多的問題呢？究竟是什麼問題？其實任何時代都有各時代的問題，而且都多得很。而我們這個時代也有其獨特的時代問題與其他的時代不同，就以我自己個人言，由七七事變當時只廿七歲就開始逃難，一直到現在七十三歲了還在繼續著。如大家知道現在香港出了問題，假定中共一旦本著其以往的作風來接收香港，那香港的五百萬居民大體都還要逃難，爲什麼我們這樣一直在逃難呢？就中華民國來講，國民政府當年的首都在南京，爲何撤退到台北來呢？這當然是個嚴重的問題，對這個問題我們應該要有個認識與瞭解。這是就個人與國家而言。擴大講，爲什麼我們這個時代全世界的注意力都集中在美國的華盛頓與蘇聯的莫斯科，其關鍵就在美蘇的談判。兩國自二次大戰結束以來就天天不斷地在談判。其實已經談判了三、四十年了，都還談不出一個結果。

另一方面，大陸上中共做統戰工作，天天宣傳要與台灣談判，和平統一。結果還是不能談判。中共與台灣之間現階段是不能談的，這個不能談就是不能談，爲什麼呢？因爲我們這一個談判與美蘇間的談判性質完全不同。美蘇間談的是外交問題、核戰問題、軍備問題、裁軍問題，談的都是技術性的問題，至于其餘的問題也是不能談，不能談的是原則的問題。美國不能要求蘇聯放棄馬列主義才來談判，美國提不出這個要求，兩國間不能談這個問題。同樣地，蘇聯也不能要求美國放棄自由世界的整個社會制度與經濟體制。但嚴格講這才是問題的所在。可是這是不能談的，所能談的只是外交的，技術性的問題。這樣就不能接觸到眞正問題的所在，即原則的問題。

而我們處于這個時代，我們之所以逃難，美蘇長期無結果的談判，其實是由于兩個世界的眞理標準問題，兩個世界的價值標準的問題。就人類在最高層次而言，應該只有一個標準，一個眞理，但我們所處的世界就有兩個眞理，兩個標準，所以決定成了兩個世界。

可是大陸要求向台灣統戰，要與台灣談判，那談判就不是技術性的問題，而是原則的問題。大陸中共若放棄馬列主義，放棄四個堅持，就可以談，否則就不能談。所以我們這個時代，就是分成兩個世界，而有兩個標準兩個眞理。說到兩個眞理，兩個標準就是哲學的問題，也即一般大家所謂的意識形態 (ideology) 的問題，共產黨有一套 ideology，故一定堅持馬列主義，一定要四個堅持。鄧小平上台了，態度變成溫和一點，與美國建邦交，反對文化大革命，但四個堅持還是不能放棄。他雖反對文化大革命，但毛澤東還是不能被抹掉，這個就是問題的所在，而這就是哲學問題，也即意識形態不同的問題。所以這個時代沒有人能與共產黨談話，不管是同樣的中國人，或是其他任何國籍，任何膚色的人，與共產黨的人相遇，都同樣被視爲反動份子，反革命份子，而互相之間再也無法有所溝通了，也就是我們這個時代困難的所在，問題的所在。

所以在此情形下，大陸中共要求現代化是很困難的，而它追求的現代化是有一定範圍的，即只能限于科技性的，這就是他們所謂的四個現代化。可是現代化的要點，眞正現代化之所以爲現代化，是在所謂的第五個現代化，就是大陸上的青年人魏京生所提出的第五個現代化。那才是眞正現代化的所在。他一提出第五個現代化就要坐牢十五年，但是所謂的現代化，第五個現代化才是現代化的本質意義，其餘的四個都屬于科技性的，科技性的是無顏色的，任何人都可以現代化。所以在這個地方，大家要有個清楚的瞭解與認識，否則就會被迷惑、被欺騙。第五個現代化，在大陸所以做不到最後的關鍵就在我們現在的世界分裂成兩個不同的世界，而最後就是眞理標準的問題，也就是哲學的問題，這就是關連著眼前的時代問題而言是哲學的問題。

文化問題核心地講是哲學問題，所以我們要講中西哲學會通的分際與限度。這個問題如果你能看穿看透了，這就是我們奮鬥的方向，我們奮鬥的方向就是要瓦解共黨的馬列主義的標準，若不能瓦解，人類就無前途，沒有和平安定的世界。所以首先我們要明白這個問題，自己的生命通透了，你才有明確的奮鬥的方向，有明確的奮鬥方向，這樣才能瓦解馬恩列史這一套 ideology。

關于共產黨的這一套 ideology，法國方面有人研究這一方面而成立一個專學，稱爲蘇聯學，雖以蘇聯爲名，其實世界所有的共產黨都包括在內，不但是蘇聯，就是中國大陸以及全世界的共產黨都一樣，那些小差異的地方是無關重要的。

講到這個地方，就使我想起一個例子，即最近有一個蘇聯的文學家索忍尼辛到台灣來講演，這件事情很好，是值得特別一提。今年有中國大陸各方面的人才投奔到台灣來，但其中最重要，最有份量的是索忍尼辛到台灣來做一次講演，這就等于爲台灣增加了百萬大軍的力量，增加了台灣的價值，台灣的氣勢，故不要忽視文學作家。

所以我常講，台灣最重要的是：如何使自己的存在要有價值，即如何增加自己的存在價值。如果自己無存在的價值，便是浪生浪死，徒然的生存，可有可無，台灣只是地理上的價值，這樣就没有意義。所以一定要努力增加自己的存在價值，這就是文化問題。所以我常講，台灣的各大學各學院各學系能好好培養出幾個大的科學家、文學家、哲學家，這樣就能大大地提高台灣的存在價值。

平素我們以爲這些文學家或哲學家没有多大的重要，但到時候就有重要，就有作用。就如索忍尼辛到台灣講演，就增加了台灣的存在價值。所以講文化建設，講現代化，這不是只叫口號與宣傳的，這樣都没用處，這是要落實去做的。每一個崗位，每一個部門，都能歸其正位，歸到其最恰當的崗位上，把自己建立起來，使自己有存在的價值，這個就是文化建設，就是現代化，這是最重要的。如果每一個崗位，每一個部門都很麻煩不能歸其正位，不能認眞落實地建立起自己，這樣就培養不出人才，這樣就無前途可言。故時代問題歸到核心還是哲學的問題，這是先泛泛的說。

前面講過，講「中西哲學的會通」一方面要通時代性，一方面要通學術性。通學術性就要了解中國哲學及其傳統，西方哲學及其傳統，而中西哲學能不能會通，會通的根據在那裡？會通的限度在那裡？這就是所謂的通學術性。

首先有一個看法，哲學是普遍的，所以哲學只有一個，沒有所謂中國哲學，也沒有所謂西方哲學。因爲凡是哲學講的都是普遍性的眞理。哲學中所講的道理或其中的概念，都有普遍性，哲學中的眞理都是普遍的眞理。

既然那些概念都有普遍性，都是普遍的眞理，那有所謂的中國哲學或西方哲學呢？這樣就只有一個普遍的哲學。

籠統地說，只有普遍的眞理，因只要是眞理就有普遍性，如科學一樣，無所謂中國的科學或西方的科學，就只有一個科學。而且科學是無國界，無顏色的，這對科學的眞理來講是最顯明的。但我們不能把哲學完全視同科學，否則就只有一個哲學，正如沒有兩個科學一樣。

可是依共產黨，科學也有階級性，有資產階級的科學也有無產階級的科學，這是荒謬的，這個話沒有意義。我們只能說研究科學，無產階級的人或有產階級的人皆可來研究，但不能說有資產階級的科學，無產階級的科學，這是不通的。正如他們說自由也分無產階級的自由與資產階級的自由，民主也有資產階級的民主與無產階級的新民主。其實自由就是自由，民主就是民主，那有什麼資產階級的與無產階級的？共產黨就是這樣在玩弄文字的魔術。

我們講文化問題、哲學問題，這也都是在追求普遍的眞理，哲學中所使用的概念當然有普遍性，但哲學中所追求的眞理是否完全與科學一樣，這就值得檢討研究。若只以科學爲標準，如邏輯實證論者的主張那就只有科學一種眞理。至于哲學，就沒有中國的哲學，西方的哲學。依照他們的說法就只有中國式的民族情感，西方式的民族情感，不能說有中國哲學，西方哲學。但這種態度是不能成立的。我們一定要承認在科學眞理以外必有其他性質不同的眞理。這種眞理與科學性的眞理不一樣，而且也不能說只是民族情感，在此就可以講中西哲學，而且有差異與不同。

此不同如何去瞭解呢？有一種主張與上面的看法正好相反，主張無所謂普遍的哲學，就是沒有 philosophy as such，也即只有個別的，如各個不同民族的，國家的或個人的哲學，而無所謂的 universal philosophy。這說起來似乎也有道理。

第一個態度是就哲學的普遍性而言，只有一個哲學，而第二個態度是就哲學的特殊性而言，就特殊性言，就無普遍的哲學，這是兩個極端相反而相衝突的觀念。我們認爲第一個態度固然不對，但第二個態度也同樣不對，兩者均同樣不正確。此相當于康德的二律背反。普遍性自是有的，但不是只有普遍性，特殊性亦是有的，也不是只有特殊性。如中國哲學由堯舜夏商周開始，模糊地能發出一些觀念，這些觀念就有相當的普遍性。由游離不明確的觀念 (idea)，而至轉成確定的概念 (concept)，就有其普遍性。觀念大都是不十分明確的，明確化就成概念，一成概念就有普遍性。但此種普遍性，就中國而言，由堯舜夏商周開始就有其特殊性。換言之，中華民族的活動有一個觀念在指導，有觀念就有普遍性，但這個觀念卻要通過具體的生命來表現，也即由中華民族這個特殊的民族生命來表現。同樣地，西方由原始的希臘民族也有模糊的觀念在指導著他們的民族活動。但這個觀念是通過希臘這個特殊民族生命來表現的。一說特殊生命就有特殊性。此特殊性是由于眞理要通過生命來表現，特殊性是由生命這裡來講的。同樣一個觀念，通過各別的個人來表現就有所不同。如同樣是儒家的道理，由孟子來表現就與孔子不大一樣，同樣是陸王一系，陸象山的表現就與王陽明不同。所以了解特殊性由此來了解。

普遍性是由觀念、概念來了解，但觀念是要表現的，要通過生命來表現的，這就是普遍性在特殊性的限制中體現或表現出來，這種眞理是哲學的眞理。而科學的眞理則不管由什麼人皆可以研究，研究科學的人雖然不同，但我們不能說科學的普遍眞理通過特殊的生命來表現而有不同。也不能說〝2+2=4〞這個數學眞理由各種不同階級的人的生命來表現有不同。此話是講不通的，若以語言分析來分析，這種說法是無意義的。

由此而言，西方哲學講語言分析是有道理的，因爲我們通常的語言常常是不清楚而不確定的，不清楚不確定並不是觀念不清楚而是因爲我們常常表達得不當或不合文法而變成不清楚，故語言分析當方法學來看是有道理的，要求我們表達得清楚，可是把它當成一種主張(doctrine)就不對了。但從事語言分析的，一開始都說自己是屬于方法學，但無形中卻成爲一種主張，以此而反對許多東西而落于偏見，說形上學是無意義的。其實並不是那些道理眞正沒有意義，而是他們根據他們的主張而說沒有意義。另一方面目前從事語言分析的人也缺少創新的能力，其實他們連舉新例的能力都沒有，所舉的例子千篇一律都是黑格爾哲學中的一些句子，而且都拿黑格爾來做開玩笑或譏諷的對象。這只是人病，並非法病。其實這種語言分析的工作是當該做的，因爲我們目前所處的時代，生活中的一切災害，最後最嚴重的就是在這個地方，因共產黨玩弄文字魔術，欺惑大衆，于是構成所謂觀念的災害，文字的災害。

茲再回到哲學眞理須通過生命來表現，就以「仁」來做例子，要表現「仁」這個普遍眞理，普遍性的觀念，是要通過生命來表現的，因爲仁不是抽象性的概念，是要具體地表現出來的，與〝2+2=4〞的數學眞理不同。譬如剛性的人與柔性的人表現仁就不大相同，分別地說，剛性的人比較容易表現義，柔性的人也可以有義，故兩種不同性格的人，表現仁就不大一樣。不但這樣，表現也因對象而不同。同是表現仁，對父母表現爲孝，對兄弟表現爲友愛，擴大而言，依孟子「親親而仁民，仁民而愛物」。最親切的是親親，故論語云：孝悌也者其爲仁之本與。即表現仁最親切的地方就是孝悌，孝對父母，悌對兄弟，仁民愛物均是仁的表現。

仁就是這樣性質的普遍眞理，此與〝2+2=4〞顯然是不一樣的。〝2+2=4〞這種數學眞理是普遍而無國界的，無中西之分，而仁義這種普遍眞理是要通過生命來表現，就有各種分際的不同，此是普遍性要在特殊性的限制中呈現，而且一定得呈現，否則講空話是無用的，而且表現要在生命的限制中表現，這樣特殊性就出來了。由此才能了解哲學雖然是普遍的眞理，但有其特殊性，故有中國的哲學也有西方的哲學，普遍性與特殊性均要承認，這樣就可解消二律背反。以其有普遍性，通過中華民族或希臘羅馬民族來表現也可以相溝通。可相溝通就有其普遍性，由此可言會通，若無普遍性就不能會通。雖然可以溝通會通，也不能只成爲一個哲學，這是很微妙的，可以會通，但可各保持其本來的特性，中國的保持其本有的特色，西方也同樣保持其本有的特色，而不是互相變成一樣。故有普遍性也不失其特殊性，有特殊性也不失其普遍性，由此可言中西哲學的會通，也可言多姿多彩。

自由世界所以要保存個體性就是要保存這多姿多彩；所保存的普遍性並不是抽象的普遍性 (abstract universality)。所謂抽象的普遍性是把差別性都抽掉，這種抽象的普遍性就是共產主義的 ideology 所造成的。故說到最後而簡單的一句話就是共產黨的普遍性是無特殊的內容，無多姿多彩，故爲抽象的普遍性。這樣的社會一律平等，他們就由此抽象的普遍性來建立他們所謂的無產階級的大同，沒有階級對立的大同社會。但這種大同一出現，全部的社會就死掉。此即所謂的封閉的社會 (closed society)，不是開放的社會 (open society)。而我們這些個體 (individual being)，都變成純一色的物質 (pure matter)，這就是共產黨所希望的，因爲這樣最易統治。在這樣的純物質性的個人，怎麼能講個體性 (individuality) 與自由 (freedom,liberty) 呢？它本來就不要讓你有這些，你一有這些，共產黨就完了。它這樣下去，這不是災害嗎？它要以政治的力量，集體的力量把一個社會硬壓成這樣，當然就要殺人，非殺人鬥爭不可。

空想與付諸行動的實現是很不同的，只是空想還無所謂，我們現在就因爲由于有行動造成的實例擺在眼前，才深切的了解這一層的不同，如無共產黨出現，我們還不會深切了解到這種行動所造成的災害的嚴重與可怕。只是空想大同如何好，當年的康有爲就是這樣，他那時想「大同」時，共產黨尚未出現，他以爲這「大同」的理想多崇高，多偉大，所以當時的人認爲康有爲的思想是最新奇、最進步的。但是這種新奇的思想是不能付諸實行的。一付諸實行，就要千萬人的人頭落地，就要毛澤東來殺人。當時康有爲只是空想，而這種思想被認爲是最進步，最新奇，最有理想，而共產黨就來實行這一套。罵我們是反動的，落伍的，腐敗的，以種種醜惡的名詞來形容，這些都是玩弄文字魔術。你不能爲這些文字魔術所威脅，若被威脅就糟了，這個時代的悲劇就是這樣，故其統戰有效。假如大家不爲這些麻醉的字眼所威脅迷惑，他們的統戰就沒有效了。

當時康有爲把他想像的大同社會都具體地列舉出來。人老了就進養老院，死了就燒成灰做肥料，夫婦結婚同居不得超過一年，有了孩子就送進孤兒院，這種大同社會任何人無家庭之累，這樣看來是夠進步了。事實上毛澤東的人民公社還沒有做到這個地步，大家都已經受不了，故劉少奇才讓步。我們要知道這種知識份子的空想，這種不負責任的論調，其後果是很可怕的。由于對現狀的不滿而發發脾氣還無所謂，但不知道會有那麼可怕的後果，千萬人頭落地。所以這個時代諸位要認眞仔細用心思考問題，不能隨隨便便發脾氣表現浪漫性，這種浪漫性不是隨便可以表現的。

「大同」是可以講的，大同的基礎在普遍性 (universality)。我們人之所以有理想都是基于普遍性。無普遍性就不能有理想，理想就顯不出來。所以在這個地方共產黨就反過來罵自由世界的人自私自利，只管現實的生活，追求個人的幸福而無理想。所以它要有個理想，無產階級的理想，它要黨員殉道，殉那個抽象的普遍性，他們的理想就寄託在這個地方，所以一轉就成爲黨性，他們說個性是小資產階級的，他們卻不知道自由世界的普遍性是在個人的特殊性中表現，這樣才能保存這個社會的自由與多姿多彩。大家對這個道理無所知，所以爲共黨所迷惑。一個人要想由抽象的普遍性，進一步來了解具體的普遍性 (concrete universality）是很難的，故青年人不易了解，他們的脾氣很急躁，眼看現實上有種種不滿，就性急地要拉掉一切，這樣就成了抽象的普遍性，這是最眞實的事實，歷來就是如此。所以他們不了解自由世界所代表的普遍性是具體的普遍性。具體與抽象是相對反的。

故由普遍性可以言會通，由特殊性可以言限制，多姿多彩，講個性。這兩方面都要同時保存。這種普遍性與科學眞理的普遍性不同，它只能通過個體生命來表現，而同時就爲生命所限制，這兩句話同時成立而不相衝突。人生的奮鬥就在這裡，即所謂的爲理想而奮鬥（struggle for ideal），這樣人生才能上進，而實現價值，實現理想都由此出，故人生就是一個爲理想奮鬥的過程。這種眞理要通過個體生命來表現，又同時爲個體生命所限制，即爲表現眞理的生命所限制，這種眞理是什麼眞理呢？這種眞理顯然與數學或科學的眞理不同，故有兩種不同性質的眞理。數學眞理不需通過個體生命來表現，只要通過研究者來研究，其他如科學的眞理也是一樣，這種眞理我們以專門名詞名之曰外延眞理（extensional truth），這是羅素在邏輯上所使用的名詞。另一種眞理如「仁」「義」這種需通過生命來表現的眞理稱爲內容眞理（intensional truth）。外延眞理與內容眞理相對。我們一定要承認有這兩種眞理。外延（extension）與內容（intension）是邏輯學中的專門名詞。

目前的邏輯實證論，並不是完全錯的，只是他們只承認外延眞理而不承認有內容眞理。外延一詞由邏輯上的 extension 而來。外延眞理都是可以量化與客觀化的，能量化才能客觀化，科學眞理都是如此。能外延化的眞理才能客觀地被肯斷（objectively asserted）。

而相反地，內容眞理卻不能客觀地被肯斷。依羅素以邏輯作標準，若命題（proposition）

是繫屬于主體 (belongs to subject)，也就是屬主觀的態度者，則它們都不能客觀地被肯斷。外延眞理則不管主體是誰，都是要承認的。而內容眞理則繫屬于主體，如我相信什麼什麼 (I believe so and so)，我想怎麼樣怎麼樣 (I think so and so)，這樣的命題，是繫屬于我這個主觀的態度。我相信，我想這後面的句子都不能客觀化，故爲內容眞理。如我相信上帝，但你不一定相信。因上帝的存在不能被證明，這就不是外延眞理，因其不能客觀地被肯斷，而是繫屬于我相信。但我相信你不一定相信，我今天相信明天也不一定相信，再如我想發財，我也不一定會發財，故有特殊性。

所以羅素講科學知識的成立，一定要靠兩個基本原則，一個是外延性原則 (principle of extens ionality)，即命題可由其外延的範圍，也即量來決定，不受主觀的影響。要靠這個原則始有眞正的客觀知識，否則一切命題都是主觀的。第二個是原子性原則 (principle of atomicity)。在知識上是用這個名詞，在社會科學上則說是個體性原則，其實是相通的。

原子性原則是說對象可以被分析或分解成若干部份，換句話講，部份可獨立地，單獨地被了解。如每一部分都要通過而且必須通過全體來了解，否則就不可理解，那麼部份就不能獨立地被了解，這樣就無科學的眞理。

如牽一髮而動全身，要了解頭髮就要了解頭，要了解頭就要了解全身，如此就要了解我坐的桌子，我在的教室，台大，台北乃至全部的太陽系，這樣一牽連，到什麼時候才能了解頭髮呢？故這樣頭髮就不能獨立地被了解，這樣就沒有科學眞理。所以必須假定原子性原則，也即可分性，全體可以分成部份，由了解部份來了解全體。此並不是說原子性原則可以的內在關係。

適用于一切。某些道理是要通過全體來了解的，無孤立的全體，也無獨立的部份，對此後者而言即牽一髮而動全身，黑格爾就喜歡講這種道理。講這種道理的人認爲天地間的一切都處于關係中，而這種關係都是內在關係(internal relation)，也即一切東西所發生的關係都是內在關係，如A與B在關係內與跳出來在關係外就不一樣，也即A與B不發生關係時是一個樣子，當進入這個關係時A與B就變了，這樣A與B的客觀性如何了解呢？這樣關係就是所謂的內在關係。

而外在關係(external relation)，則A、B在關係內與其在關係外一樣不變，並不因進入關係內而起了變化。如我與桌子的前後、左右的位置關係就是外在關係。依邏輯實證論講，科學眞理所代表的關係一定是外在關係。就科學的知識而言，認知關係就是外在關係。假如是內在關係，則我了解一個東西與你了解這同一個東西不一樣，這樣就無客觀知識可言。所以要承認科學知識就要承認外在關係。這樣就不能把天地間一切東西間的關係都視爲內在關係。不能全部成爲內在關係，就是要承認原子性原則在某種範圍內有效。

大體英美人的思想，都很重視原子性原則與外在關係。當然我們不能如黑格爾把一切關係都看成內在關係。英美人重視外在關係也不錯，爲了要說明科學知識就要這樣。但我們既然承認有兩種眞理，則我們就不能視一切關係爲外在關係。不過原子性原則之重要性不能隨便抹殺。就哲學而言，羅素提出這個原則爲的是說明科學知識，說明邏輯分析應用的範圍，由此乃有他的邏輯原子論(logical atomism)，爲了說明科學知識這個原則是必要的。

但講到內容眞理，這個原則就不必能適用了。內容眞理很玄，不過兩種眞理都是需要的，不能只承認一方而抹殺另一方。

原子性原則不但在說明科學知識上重要，在其他方面，如在政治、社會方面，更顯得重要。蓋有此原則，才能講自由、個體、乃至人權。英美人在政治、社會方面也很自覺地意識到原子性原則之重要性，在這方面可以稱爲個體性原則 (principle of individuality)。英美人不只是重視現實的經濟利益，否則他們無法領導當今的世界。個體性原則，一般人生活在自由中，對之不自覺也不清楚，但他們的一般高級知識份子、哲學家都意識得很清楚。儘管在純粹哲學方面如形而上學等，這對讀哲學的人不很過癮，但對政治社會方面的作用卻是很大，這是值得我們注意的。如英國有另一位大哲學家懷德海 (A. N. Whitehecd)，也能談形而上學，他也一定堅持原子性原則。不但在知識上，即在社會政治上也要肯定這個原則。不肯定這個原則，自由、人權就不能講，他們是很自覺的。英國是老派的自由民主，也是自由民主的發祥地，這是從大憲章開始，由他們不斷地奮鬥，爭取得來的。通過奮鬥而得，所以意識得很清楚。中國人就一直對這方面很模糊，到現在還是如此，所以要現代化很困難，尤其大陸上更困難更麻煩。

眼前就是一個顯明的例子，香港是一個徹底自由的社會，所謂的自由港，那是金融貿易的中心；資本家能在那裡投資發展而社會經濟能有這樣的繁榮，是由于英國人有這麼一套制度讓資本家們在那裡活動。但這些投資的資本家就不一定懂得自由的可貴，香港所以有今天的繁榮，有它的道理。共產黨更不了解，認爲英國人可使其繁榮，爲什麼他們就不能。可是英國人能使其繁榮，但中共的五星旗一掛，香港馬上就完了，繁榮就無法再維持下去。他們就是不懂這個體性原則的重要。

英國與中共間的談判，其中就談到思想、信仰、宗教上自由的問題，但英國人就非爭此不可。本來這是一個金融貿易的中心，資本家投資的地方，講這些似乎沒有什麼用，也似沒有多大的關係。但要知道香港所以能保持這個自由的社會，思想自由，信仰自由是一個很重要的標誌 (mark)。談到這個地方英國人非力爭不可，但中共就不允許，這樣自由社會如何能維持得住呢？英國人就了解，但跑到北平去投資的資本家就完全不懂，故共產黨就欺騙他們，恭維他們是民族資本家，但經過一段很短的時間就垮了，他們就是不了解自由之可貴，但英國人就懂，英國人平時絕口不談亦不宣傳自由民主等 ideclogy 的問題，他們認爲自由民主不是宣傳的，是要靠一套制度去表現的。可是到時候，他們就要爭取這個東西。但是中共在這個地方絕不會讓步（如果眞讓步就等于投降）。故一旦主權收回時，各報社都會停刊，教會辦的中等學校也要停辦，五星旗一掛大家都走了，如何能保持現狀呢？由此可知英美哲學爲什麼重視原子性原則，而在社會政治上就重視個體性原則，這是爲了保持個人的自由。這個觀念我們都不很清楚，即使知識份子也是不清楚，當然共產黨更不懂，這是時代的嚴重問題，念哲學的人對此要有了解，不要糊塗。

第二講　中國哲學底傳統：中國哲學所關心的是「生命」，而西方哲學所關心的其重點在「自然」

講中西哲學之會通，首先由限制性講中西哲學之差異。在限制性中表現具有普遍性的概念，我們不能離開限制性憑空籠統地講放諸四海而皆準的普遍性的概念，故先講限制性，由限制性就有不同，可以講中西哲學之差異與分別。

差異如何講法呢？中西哲學皆歷史長而內容豐富，講差異是不容易的，若無綜合性的綱領如何去講呢？憑空講是很難的，一定得通過以往幾千年來的發展，整個看來才能得一個線索，否則無從說起。所以只有通過發展這個觀念，長期發展的領導線索綱領才能把握。

經過長期的發展看中國的文化，由夏商周一直發展下來，主要的線索、主要的綱領、主要的方向在那裡呢？同樣地，西方哲學由古希臘經中世紀到近代的發展，由其長期的歷史發展，也可以把握其綱領而看出其差異，這當然要對各時代的思想加以反省才能了解。

如上講所述的普遍性與特殊性，以此乃可言中西哲學之會通。有普遍性也不能以此而言中西哲學不能有差別、有限制性，故中西哲學永遠可保持其特殊性。由普遍性與特殊性兩方面綜合起來，我們就可把握中西哲學發展之主要綱領的差異在何處。如剛說過，對中西哲學傳統的長期發展加以反省就可看出其不同，我們可以用兩個名詞來表示。我們可說兩個哲學傳統的領導觀念，一個是生命，另一個是自然。中國文化之開端，哲學觀念之呈現，著眼點在生命，故中國文化所關心的是「生命」，而西方文化的重點，其所關心的是「自然」或「外在的對象」(nature or external object)，這是領導線索。

由中國古代的經典，就可看出都是環繞生命這個中心問題講話而開展。重點在生命，並不是說中國人對自然沒有觀念，不了解自然。而西方的重點在自然，這也並不是說，西方人不知道生命。由歷史開端時重點有些小差異，就造成後來整個傳統發展的不同。我們就以「生命」，「自然」兩個觀念，來看中西哲學發展的大體脈絡。

所謂的關心生命，生命的意義有好幾層，首先所關心的生命是眼前的個體生命，生命就如其爲生命而觀之 (life as such)。這一個層次的生命是有問題的，故首先意識到此。生命有好幾層次，如以佛教的說法，阿賴耶識也是生命，轉上來涅槃法身也是生命。可是關心生命、出問題的生命，而想法對付它，則此時的生命不是佛教所言的涅槃法身的生命，因爲這個生命是經過我們關心它，處理它而翻上來的最高境界，到那個境界生命就無問題了。我們現實上並不能馬上就到達到涅盤法身的境界，我們的現實生命到處是麻煩。人首先注意到的是生命外部的麻煩，此外部的麻煩很容易解決，但生命自己內部的問題就很難了，所以說：「征服世界易，征服自己難」。外部的問題都安排好了，但自己卻不能安排自己。如你外在周圍的種種問題都給你解決了，但你仍是左也不安，右也不安，不能自在，到處是問題，到處是麻煩，有人就是這樣的。「富貴不能樂業，貧賤難耐淒涼」，這種人是很麻煩的，但生命本來就是麻煩的。貧賤固不好，富貴也不見得好。孔子就說過：「不仁者不可以長處樂，不可以久處約」，意即不仁的人不能長久安處于其快樂、舒服與幸福的境地，他也不能長期處于其困厄倒楣的狀況，紅樓夢中賈寶玉就是這種人，富貴時他也不能好好地做事或讀書，貧賤時更受不了那種淒涼。如孔子所說的不仁的人也不一定是壞人，如賈寶玉你不能說他是什麼壞人。「不仁者」意即生命中無仁之常體的人，故孔子這句話意思是很深遠的。

孔子的「仁」之意義很不易把握，如「唯仁者能好人能惡人」，好惡是每人都有的，人若沒有好惡就沒有是非，但要能成就好惡是不容易的。唯仁者才能成就「好人」之好，「惡人」之惡。如一討厭就討厭得不得了就是所謂惡惡喪德。「愛之欲其生，惡之欲其死」。喜歡時千方百計地設法使其生，但到討厭時非得把他殺掉不可，處之于死地。這樣的好是溺愛不明，這樣的惡是惡惡喪德。惡是當該惡的，但惡之至于喪德，你本身就是惡，也即本來你是惡惡，但惡的結果你本身陷于罪惡，甚至比原來所惡的惡更惡，這反動很可怕。

這個道理孔子在二千多年前就說出來，我們到現在還不明白。資本主義、資本家固然有許多罪惡，改革資本主義社會是可以的，但共產黨那樣的做法就是惡惡喪德。故「唯仁者能好人，能惡人」，仁者是指能體現仁道的人，也即生命中有定常之體（仁體）的人，意即是有眞實生命的人。有眞實生命的仁者，才能好，才能惡，才能成就好之爲好、惡之爲惡。儒家是肯定好惡的，因無好惡就無是非。進而要如何成就好惡，但要成就好惡就要許多工夫。

不仁者（生命沒有定常之體的人），不能長處樂，不能久處約，這樣不是，那樣也不是，這種人很麻煩，生命不能得到妥當的安排，我們的現實生命就是這樣，故征服世界容易，征服自己困難。人最後的毛病都在自己，這個時代的災難最後也都在人本身，並不是在核子彈，故人是最難於對付的。人最可愛，也最可惡。故荀子指現實上的人爲：「信不美，信不美」，意思是很不好，很不好。但另一面人也很值得讚美，人也可以達到最高的境界。故人的地位很不穩定，可以往上通神聖，也可以向下墮落得比禽獸還壞。這就是我們一開始說 life as such 意義的 life，並不是指已經翻上來達到了最高境界如涅槃法身的生命，那種生命，問題都已經解決了，而我們現在所講的這個生命是指著 life as such 的現實生命而言的。中國由夏商周以來，著眼點一開始就在關心自己，如何來安排這自己最麻煩的生命，所以由此首先意識到「德」的觀念，故詩經講「疾敬德」，以後一步一步注意向內修德。古代人如由科學的立場來看，知識很簡陋，簡直不能與我們現代的人相比。從這個地方來講是我們後來者居上，但並不是一切方面都是後來者居上。若從「德」這方面來看，不但後來者沒有居上，反而是每況愈下。所以古人對「德」有清楚而分明的觀念 (clear and distinct idea)。相反地，我們現代人對「德」無清楚的觀念，都模糊了，但對知識有清楚的觀念。知識是指科學知識，因爲科學的成就是很明顯的，但其實一般人本身也不一定懂科學，因爲他本身不是科學家，他也不懂原子彈、相對論，但我們相信科學是因爲科學有證驗，所以就認爲科學最可靠。所以客氣地講，現代人對知識清楚，儘管一般人並不清楚。那麼憑什麼對知識有清楚的觀念呢？這還是憑知識權威、訴諸專家。因爲科學已經是成立了，客觀地擺在那裡，儘管自己不懂而訴諸專家，這樣並不是獨斷，也不是迷信，所以是可諒解的。在可諒解這個層次上，我們姑且可以承認現代人對知識有清楚而分明的觀念。但對「德」則完全沒有，所以講很多的道德哲學，有許多主義與主張，但還是說得不明白。現代人在知識方面這麼進步，但對德、正義、公道等完全沒有觀念，沒有認識。而古代的人那麼原始，爲什麼對德有那麼清楚而明確的認識，這似乎是很奇怪的現象而不可思議。

因知識是很麻煩的，而道德上的是非善惡之判斷卻不需很多的知識來支持，而且最簡單明瞭，故儒家言道德的實踐是簡易的。相反地，我們想知道對象，對對象有所了解與認識，是很麻煩而複雜的，到某一個地步還不夠，還要往裡步步深入。牛頓的物理學還不夠，還要進到愛因斯坦的物理學，大宇宙的物理學不夠，還要向小宇宙的物理學前進。這是很麻煩的，越研究越專門，結果只有專家才有一點點的知識，我們一般人則一點也沒有，實際上一無所知，所以要有那一方面的知識就要向那一方面的專家請教，這樣一來其實都推諉給專家，這不是一無所知嗎？所以知識才是麻煩的，要得到知識是很不容易的。對知識要有清楚而明確的觀念也不是容易的。

但人對自己的生命，自己的言行，如有錯誤，馬上就有罪惡感，這點古人就會了，所以說德的意識很「簡易」、「坦然明白」，若太複雜人們就不能了解了。假若你演算數學的問題演算不出來，證明不出來，這並非罪惡。你不懂數學不是罪惡，但若說錯話或做錯事，你自己就難過。所以德的意識很容易被人注意，古人對這方面有清楚的觀念，是很合乎情理而很可了解的。而正相反，現代人就不了解德。所以「疾敬德」就是要你趕快使自己像個人樣，好好做事，好好爲人，故言「天視自我民視，天聽自我民聽」，你不要妄爲。古人一下把問題落在這個地方，就重視這個問題。

後來孔子出來，再往裡一層一層地深入前進，于是中國的哲學就開出了孔子傳統，後來的發展大體而言，儒家是主流是正宗，道家是針對儒家而發出來的旁枝，但道家還是對付生命這個問題的，道家也開出另一個系統，這樣中國的哲學就發展下去，一代一代人物也很多，各有其發展與注重的問題。

漢學主要是繼承儒家的經典。漢儒並不一定能了解儒家的眞正精神，但能保持文獻也有他們的功勞。兩漢後接著來的是魏晉時代。魏晉時代的名士專談三玄，三玄是老子、莊子與易經。魏晉的三玄以道家的精神爲主，故講老莊是很相應的。可是易經是儒家的經典，孔門的義理，而魏晉時代以道家精神來講易經並不一定相應，但也有所發明。魏晉時代的學問是由儒家的主流岔到旁的方向。隨著而來的是南北朝，南北朝主要在吸收佛教，佛教是由印度傳來的，在此段時期中國的思想完全用在吸收佛教的教理。至隋唐就完成了吸收消化佛教的工作。可是隋唐的政治文物又回到中國原有的。由魏晉談三玄的歧出，再經南北朝的吸收佛教，佛教是外來的，既不同于儒家也不同于道家，離我們本有的骨幹更遠，此即歧出中的歧出。這一段時間很長，由魏晉、南北朝至隋唐初年共約五百年的時間，經談三玄道家的復興爲橋樑進而吸收佛教，這個階段爲中國思想歧出的階段。

在大唐盛世，國勢、政治文物、典章制度達到頂盛，是中華民族的黃金時代，是中華民族的光榮。但唐朝不是哲學家的時代，而是文學家的時代，其表現在詩。所以要了解唐朝的三百年，要以特殊的眼光來看。其政治文物，典章制度是屬于儒家傳統的，但儒家學問的義理精神並無表現。唐朝時代思想義理的精彩在佛教，佛教的那些大宗派都產生在唐朝或隋唐之間。如天台宗完成于隋唐之間，而在唐朝仍繼續發展，有荊溪之弘揚；唐初玄奘到印度回來後開出眞正的唯識宗，華嚴宗也發生于唐朝。故自發展佛教的教義而言，天台宗、唯識宗、華嚴宗都在這個時期全部完成達到最高峰。這是中國吸收印度原有的佛教而向前發展到最高的境界。中國人順著印度原有的往前推進一步，與印度原有的佛教不同是時間前後發展的不同，而非並列的不同。換言之，後來在中國流行的佛教是把原有的印度佛教所函蘊的推進發展出來的，所以只有一個佛教，並不能說另有一個中國的佛教。現代研究佛教的人，就有人把佛教分爲印度的佛教與中國的佛教，而有些人以爲重新由梵文才能得到佛教原有的眞精神，因爲中國的佛教都是經過中文翻譯的，認爲這樣不可靠，而由梵文來追尋原有的佛教，好像中國的發展是歪曲了的。這些看法都不是正確的。說到翻譯當然不能無小出入，但主要的精神義理是不差的。

唐朝在佛教之思想義理方面有很高度的成就與表現，能發展出天台宗華嚴宗，並能確認唯識宗，這就是最高的智慧。這些宗派的大師如智者大師、玄奘、賢首等都夠得上是眞正的大哲學家，與西方的大哲學家相較絕無遜色。佛教的教義發展到這裡已經是最高峰了，再往前進是禪宗。因爲禪宗以前的大小乘以及天台宗、唯識宗、與華嚴宗都是講教義，也即講義理系統。但禪宗則爲教外別傳。以往的教派夠多了，教義也講得複雜而煩瑣，而禪宗要做的是把其簡單化後付諸實踐，這就是禪定的工夫。禪宗又是最高智慧中的智慧，只有中國人能發展出這一套，世界任何其他民族皆發展不出來。目前美國人很喜歡禪宗，覺得很新鮮而好奇，其實完全不懂禪宗。有人竟與維特根斯坦相比附，這樣比附對兩方面都沒有了解而且都耽誤了。禪宗是佛教，所以不能離開已有的佛教而空頭地隨便妄談禪。教義發展至最高峰一定要簡單化，簡單化而付諸實踐。但佛教本來就是講修行的（如戒、定、慧），但修行由禪宗的方式來修行是了不起的。無論大小乘都講修行，無修行如何能成佛呢？但以禪宗的方式來修行是奇特而又奇特，眞是開人間的耳目，此只有中國人才能發展出來，這不只是中國人的智慧而且是人類最高的智慧，故大唐盛世並非偶然，中華民族發展到唐朝實在是了不起。

唐朝義理思想的精彩不在儒家，但政治文物，典章制度是繼承春秋兩漢下來的，那是歸于中國的正統。社會上人民生活的倫常習俗並非印度的，所以吸收的只是佛教的教義。這樣唐朝的基本原則與精神落在那裡呢？其所以能繼承這一套典章制度的精神是服從什麼原則呢？義理是吸收外來的佛教，但並不能以佛教來治國平天下，因爲佛教的重點不在此，佛教即使在其鼎盛時期也不過如此。中國在大唐盛世除與治世不相干的佛教及政治上的典章制度以外，精神上是服從什麼原則來運宰這一套制度，開一個大帝國，創造出這樣一個高度的文明？唐朝所服從的是生命原則(principle of life)。大體比較地講，漢朝是以經學治天下，即以經學統政治，以政治統經濟，大體就是這個模型，但做到什麼程度很難說，故這樣，相對地說，漢朝是服從理性原則(principle of reason)。唐朝則服從生命原則。爲什麼以「生命」來說明呢？佛教在此不相干，十三經註疏也無精彩，而唐朝大帝國能開出這麼一個文物燦爛的大帝國，由政治上而言，是唐太宗的英雄生命，他是典型的中國式英雄，十八歲就開始打天下，打三、四年就完全統一中國，建立唐朝大帝國，這是英雄。英雄是表現生命，不是服從理性，生命是先天的，唐朝有此強度的生命。除唐太宗之英雄生命以外，唐朝的精彩在詩。兩漢是文章，唐朝是詩，宋是詞，元是曲。人們常說唐詩是學不來的，是靠天才的，如無那種天才與生命，就無那種才情。由此看來，唐朝時，儒家没有精彩，佛教不相干，剩下兩個「能表現大唐盛世，文物燦爛」的因素是英雄與詩，詩靠天才，也是生命。生命放光輝就是詩才。英雄的生命也是光輝，就是英雄氣概。表現爲詩的是詩才、詩意、詩情，此是才情。英雄不能說才情而說才氣，不能說氣象而說氣概。生命旺盛的時候所謂「李白斗酒詩百篇」，漂亮的詩不自覺地就產生出來了，生命衰了則一詞不贊，所謂江郎才盡。這種生命與才氣乃康德所謂的強度量 (intensive quantity)，而非廣度量，數學量。生命乃服從強度原則的，強度量是拋物線，可以從一無所有而發展到最高峰，由此最高峰又落下至一無所有。大唐生命發展至唐末五代即一無所有。中國歷史在以前最差的是唐末五代，那時代的知識份子廉恥喪盡，社會國家最亂。這就是服從強度生命原則的自然結果 (consequence)。所以人生的奮鬥過程在生命以外一定要重視理性。當生命強度開始衰敗，有理性則生命可以再延續下去，理性能使生命有體而不至于潰爛。

唐末五代之後就是宋朝，宋朝的三百年，國勢很差，但時代的思想是儒家的復興，就是理學家的出現。理學家就是看到自然生命的缺點而往上翻，念茲在茲以理性來調護也即潤澤我們的生命，生命是需要理性來調節潤澤的，否則一旦生命乾枯就一無所有，就會爆炸。而理性就能潤澤我們的生命，這樣生命就可以綿延不斷地連續下去，這一代不行可以由下一代再來。這是宋朝時社會上知識份子所擔負的，而不是趙家的君主們以及環繞君主的官僚所能擔負的。故宋朝國勢的不振，非理學家的責任。宋朝由宋太祖開國時的規模就不行，但爲什麼宋朝能維持三百年之久呢？這是不容易的，此乃靠文化的力量。故以後顏、李學派那些人責備理學家乃是氣憤之言。北宋南宋之亡，理學家不能負這個責任。了解歷史要公平而恰當的了解，但整個宋朝三百年還是服從理性原則。此與漢朝不同，漢朝是文獻經學的整理，而宋朝則是闡揚儒家的義理，故兩個型態不同。

宋亡後元朝不過一百年，而明朝底時代精神還是理學家爲主的，即以王陽明爲代表，故明朝的時代精神大體也是服從理性原則的。王學一出，佛教就衰微而無精彩了。宋明儒家是繼承先秦儒家而發展的，那是依儒家內部義理講的儒家，兩漢的經學是外部經學的儒學，兩者不同。而儒家之所以爲儒家，是宋明儒所表現的。明朝的體制大體是模倣漢朝，其實是模倣不來，究竟是不同的。

明朝這一個朝代是不容易了解的，其間三百年從朝政及皇帝方面看實大體都是很乖戾的，講歷史的人就不懂其中的道理，故了解歷史是一個問題，記得歷史又是另一個問題。一般的是記得歷史而不能了解歷史，尤其是那些專重考據的。他們知道而且記得歷史上發生的許多事情，但是小事情不是大事情。但了解歷史與記得歷史是不一樣的，這兩種能力顯然不同。記憶當然有價值，但了解也有價值，不了解而念歷史有何用處？明朝之後是清朝，清朝一開始中華民族就倒楣而一直倒楣到現在。因爲清朝是異族統治中國，對中國的文化生命與民族生命的影響是很大的，不了解的話，就看現在的中國。一步一步的變化都有其歷史的必然性。清朝是異族的軍事統治，對民族生命有很大的挫折，因而對文化生命亦有很大的歪曲。凡是一個時代，一個國家，民族生命與文化生命不能得到諧和的統一，這時代一定是惡劣的時代，悲劇的時代。清朝的軍事統治把中國幾千年來的政治傳統體制完全破壞了，以前設有宰相，到滿清就變成軍機衙門，成了軍事統治，此與元朝一樣，都是來自異族統治。

不管以前的宰相能做到什麼程度，但他是代表治權，宰相負責政治的措施。到清朝就成爲軍事第一，中國傳統知識份子的責任感與理想喪失了。所以清朝的知識份子沒事可幹，就成乾嘉年間的考據。此根本與漢學不同，精神也不一樣，不是傳統文化的順適調暢的發展形態，這是在異族統治下的變態。乾隆皇帝就表示以往的知識份子以天下爲己任是壞習氣，如果這樣，我們皇帝幹什麼？故清朝時，由孔子傳下來的知識份子的願望與理想都沒有了。現在知識份子的情形是經過清朝三百年統治後的自然結果(natural consequence)。乾嘉年間的學問是清客的學問，那些考據家很多是做清客幫閒，清客是奉陪王公大人的。不說考據沒價值，而是要了解乾嘉年間知識份子的意識形態。

顧亭林的考據是繼承傳統儒家來的講實用。儒家內聖外王是眞正的實用，不是記誦雜博以資談助。顧亭林考據背後的精神完全與乾嘉年間的不一樣。所以我並不反對考據。講中國古典，歷史的考據當然有其相當的價值，但亦不只是考據所能勝任，而且最重要的是以什麼精神來從事考據。我們反對的是乾嘉年間知識份子的意識形態，那種意識形態是清客。理學家不做清客，他們都有根據中國以往的傳統傳下來的知識份子的理想與願望，這些現在大家都忘掉了。中國有五千年的長久歷史，一個人若有存在的呼應，即在現在就與歷史生命不隔。而現在的中國人就受西方文化的影響，對中國的歷史傳統無存在的呼應。故與歷史生命相隔，不能存在地相呼應。現在人喜言「代溝」，這是社會學與心理學所用的名詞，指老少年人之間因年齡相差而產生互相間不了解的情形。這事實中國以前也並非不了解，但並不誇大此事實，卻寧願講承先啟後，代代相傳。這樣，個人的生命就能與民族的歷史生命相契相呼應。故不要被目前的流行名詞把我們的生命錮蔽住。

西方人有許多觀念，許多主義，這些觀念與主義只是學術上的主張，或是政治上的個人見解，在西方社會是司空見慣的不會引起什麼騷動。但這些觀念與主義一到中國就不得了，每一個主義就成了一個宗教都想以之治國平天下。就這樣地生命固結在某些觀念上，而排斥其他的觀念，終于對我們的生命造成騷亂。目前中國人號稱有十幾億，但究竟有多少能夠算得上是眞正的中國人？表面上看來，當然都是中國人，但以其意識形態與意識上所持的觀念來看，很少是眞正的中國人。即使在風俗習慣，社會禮節方面仍遵守典型中國的傳統，但其思想與意識完全不是中國的，這樣一個人的生命就四分五裂，生命不能諧和，不能一致。如中共以馬列主義爲教條，以蘇俄爲其祖國，而宣言工人無祖國，而現在統戰又要人回歸認同祖國，這是自相矛盾而不通的，但一般人就被其所惑，就順著去回歸認同，其實這些詞語都是迷惑人的，而在玩弄文字把戲。

所以目前的中國人意識上的觀念橫撐豎架，而把生命撕成四分五裂。乾嘉年間以來知識份子的意識形態是清客。故清末民初西方帝國主義侵入中國，我們就完全無法應付。因平常不講義理，不講思想，故腦子裡就沒有觀念，沒有學問傳統，在這樣的情形下靠什麼來應付呢？只靠一時的聰明是沒用的，這種聰明中國人是很有的，清末民初那些人也都有，但只是這種聰明不足應付。因爲我們喪失了我們的學問傳統，喪失了學問傳統就不會表現觀念，不會運用思想。現在的中國人完全無觀念無思想。在這樣不會運用思想的情形下，就以直接反應來應付問題，有一個與動 (action) 就有一個反動 (reaction)，這種反應都是直接反應 (immediate response)。這個時代一般人都是採取這種直接反應的方式，直接反應怎麼能解決問題呢？

因爲要解答問題是要有根據的，如解答一個數學問題就不能憑空來解答，一定得根據前面所學的定理來解答。要解決經濟的問題，就要根據經濟學上的知識原則與辦法來解決。這樣就是要會運用概念，運用概念才會運用思想，運用思想才能解答問題，直接反應是不能解決問題的，直接反應的結果就是孟子所謂的「物交物則引之而已」。來一個刺激就出現一個反應，這樣一個接著一個，就整個地拖下去了，所以一個民族到不會表現觀念時就沒有了生命 (no idea therefore no life)。其生命就是動物性的，因爲動物性就不須要 idea。清朝亡了，民國初年更不成話，顚倒惑亂下去，結果共產黨終于出現，要不然中國人何至竟爲魔道所迷！

總而言之，中國人以前所謂學問，是要懂得義理才是學問。名理是研究邏輯，數理研究數學，物理研究自然。儒家講性理，是道德的，道家講玄理是使人自在的，佛教講空理是使人解脫的。性理、玄理、空理、名理、數理、物理還得加上事理與情理。事理與情理是屬于歷史與政治的。中國人常言懂事，事理是一個獨立的概念，情理是人能通達人情，這種屬于具體生活的也是很深的學問，但在以前未見能達至佳善之境。

名理是邏輯，中國是不行的，先秦名家並沒有把邏輯發展到學問的階段。至于數學、科學也不行，故中國文化發展的缺陷在邏輯、數學與科學。這些都是西方文化的精彩所在。我們並沒有發展出來，有就有，無就無，故不要瞎比附。

中國人以前幾千年學問的精華就集中在性理、玄理、空理，加上事理與情理。事理情理要有一個學問來支持才行，否則不一定好，會變成社會上所謂的老奸巨滑或圓滑頭這一類的。事理情理本來有獨立的意義，故可成一種學問；性理、玄理、空理皆是學問。一有學問表現出來，人的生活才有軌道，才能處事應世。這就是中國以前的學問傳統中的「理」，而乾嘉年間的學問就完全不懂這些「理」，只懂得說文爾雅之理，就是大約相當于現在所謂的語言學。到不懂這些「理」時，生命就不會運用思想，不會運用觀念，這樣就不能應付這個時代，故民國以來一步一步都是與動反動地交引下去，結果終于出現共產黨的劫難。

當然一個文化只有性理、玄理、空理是不夠的，可是只有邏輯、數學與科學也是不夠的。所以我們檢討中國的文化，沒有的如何使它開出來。本來五四運動以來就想開出邏輯、數學與科學，但經過幾十年的努力都還沒有生根，還發不出來，目前的階段還是在跟人家學，因爲我們的頭腦心態受成習底制約，很難適應這些學問，要想自發地發出這些學問來須要自覺地自我調整。

性理、玄理、空理這一方面的學問，是屬于道德宗教方面的，是屬于生命的學問，故中國文化一開始就重視生命。而性理、玄理、空理都是爲了調護潤澤生命，爲了使生命能往上翻而開出的。但我們的生命不只要往上翻，還有往外往下的牽連，這方面的牽連就有各種特殊的問題，如政治、社會、經濟等，都需要特殊的學問，即專家的科技的學問。這又是一個層面與上述生命往上翻的層面不同，我們不能以這一層面的學問來代替另一層面的學問，這是不能互相取代的。一個是屬于生命的學問，一個是屬于知識的學問。我們也不能只有調護潤澤我們生命的學問就夠了，平常所謂夠了是因其有普遍性有必要性，是必要條件 (necessary condition) 而非充足條件 (sufficient condition)。了解了這點就不要爭論了，講中國文化與講科學並不衝突。

故我們疏通中國的哲學傳統，結果其重點就落在生命，其代代傳下來的爲性理、玄理、空理，也即儒釋道三教。每一朝代的典章制度、風俗習慣，隨著時間的過去就過去了，不能再恢復，那些陳跡、風俗習慣，怎麼能維持不變呢？有些是可以保持的，有些是不能保持，這須分開。

故了解一個文化最重要的是要了解其內部核心的生命方向，不能把生命方向等同于每一個時代的風俗習慣。講中國文化若只擺出我們祖先的文物古董，這樣不能了解中國文化，對此應有清楚的觀念，不要爲目前一般流行的浮薄而錯誤觀念所迷惑，這就須要運用思想去處理，自己的生命才能上軌道。要不然永遠都以直接反應的方式去處理，這是不得了的。

語言分析對這些都需要加以分析，可是現在做語言分析也沒有自發的觀念，也不會運用思想，去分析目前流行的各種詞語的意義。故當時荀子作正名，我們這個時代也一樣要作，那就是語言分析的工作。故學哲學就是要做正名的工作，那自己的頭腦就要清楚了。念哲學就是要使人頭腦清楚才能正名，否則不但不能正名，而且增加混亂，徒增麻煩而使天下大亂。故學哲學是終身性的工作 (life work)，與學習某種技術不同。

我們文化的精華是可以傳下來的，可以撇開風俗習慣而單獨去考量之的。性理、玄理、空理也即儒釋道三教，這是中國哲學傳統所留下的智慧方向，文化基本核心處的智慧方向。但是此智慧方向不能用來解決具體而特殊的問題。我們不要以功利主義的觀點，以爲這些學問不能解決那些具體而特殊的問題就忽視它甚至不要它。在科技方面，雖然西方人很行，但在生命的學問方面，西方人就不見很行。故要學哲學就要好好研究：儒家的義理是什麼，其中有好幾層的境界；道家發展到最高境界是什麼樣的形而上學，其中有什麼問題。至于佛教的空理更了不起，佛教的教義內容可以不管，也可以不贊成，但佛教大小乘各教派所開出的義理規模，對學哲學的人是很具啟發性的。

對中國哲學各系統的性格與其所函有的種種問題，我的「中國哲學十九講」一書對此皆有扼要而概括性的闡述。由此初步了解中國哲學以後，我們才能了解中西哲學的會通是在那層面上會通？在什麼問題上會通？並不是籠統地什麼問題都可以會通，有些是不相干的。會通能會通到什麼程度？這其中還有限度的問題。這樣才能一步一步地深入了解。今天所講的是中國這一方面，就是敍述中國文化的動脈如何繼續前進。

下次講西方哲學，西方哲學由希臘開始一直發展到今天，內容也很複雜，如何去了解呢？同樣地也要順著一個綱領去了解，同樣地也可用幾個系統來概括。西方哲學的開始其重點就落在「自然」，以自然爲對象。西方哲學概括起來有三個骨幹。首先由柏拉圖、亞里士多德經過中世紀至聖多瑪的神學，這就是古典的傳統系統。近代以來康德以前有笛卡兒開大陸的理性主義，下有斯賓諾薩與來布尼茲，此即所謂的獨斷的理性主義 (dogmatic rationalism)。在英國則有洛克開端，柏克來、休謨繼承的經驗主義。把此理性主義與經驗主義加以批判地消化的就是康德，因而遂形成康德的傳統 (kantian tradition)。這是西方哲學史上一般的講法。我們暫不採取這種一般的分法，而把理性主義中的來布尼茲單獨提出來，因爲他是最典型的獨斷理性主義的代表人物，康德所批評的大都是對他而發。而且來布尼茲的哲學與邏輯往下傳至羅素的數理邏輯以及其邏輯的原子論，由此也可說另開一個傳統。此種講法不是順一般哲學史分理性主義與經驗主義，而把來布尼茲單獨提出來至羅素而成一個傳統。這並非說這個傳統可取代理性主義與經驗主義。而是把此兩方面的對顯暫時放一放，而另提出一個傳統。因爲這一個傳統在了解現代哲學上是非常重要的。因經驗主義較簡單，比較容易了解，而理性主義中的笛卡兒也只有歷史的價值，斯賓諾薩很難爲人所宗主，大家很少講他了。後來有發展的是來布尼茲，由他開始傳至羅素而發展出數理邏輯的系統，這是了不起的。目前英美講分析哲學，所以能吸引人乃由于其淵源于來布尼茲與羅素，因有這兩位大哲學家爲其背後的支柱，分析哲學才有這樣大的吸引力。其實邏輯實證論的哲學內容是很簡單的，其吸引人處乃在其講邏輯。

故西方哲學的精華集中在三大傳統，一個是柏拉圖傳統，一個是來布尼茲、羅素的傳統，再一個是康德的傳統，此三大傳統可以窮盡西方哲學，西方的哲學不能離開此三個骨幹。

第三講　西方哲學底傳統：柏拉圖傳統，來布尼茲、羅素傳統以及康德傳統：從來布尼茲、羅素傳統說起——來布尼茲思想之下委與上提

這一講來說明來布尼茲、羅素傳統。由來布尼茲開出一個骨幹，往下貫至羅素。這種講法是大家不十分熟悉的。因爲近代以來，一般都以大陸理性主義來賅括笛卡兒、斯賓諾薩與來布尼茲。英國方面則由洛克，柏克來，休謨而形成經驗主義。這是一般順哲學史的講法，但我們不採取這個講法，而以敘述主要的骨幹來看西方學問的精彩，把來布尼茲提出來由其講邏輯、數學而發展到羅素，這便形成一個大傳統。

自來布尼茲本身講，他的哲學也很複雜。他可以往康德方面消融，也可以往羅素這方面消融。故我們講來布尼茲與羅素，提出這兩個人所形成的傳統，既有概括性也有牽涉性。一般言之，英美的哲學都是屬于經驗主義與實在論的。所以我們這個講法，特別標出來布尼茲

與羅素，雖然他們兩個人成就的重點在數學與邏輯，但若注意到羅素，則英國經驗主義的傳統，實在論的傳統，都可以吸收進來，概括于這一個骨幹中。

來布尼茲的思想很豐富，其所牽涉的方面也很多，我們特別提出來布尼茲與羅素來講，這是順著來布尼茲之數理邏輯而往下順，此即所謂下委。下委就是向下委順引申的意思。而此下委則表現爲純粹的數理邏輯，以及此系統下的哲學牽連。故由來布尼茲下委至羅素，有兩方面的意義。一個是順來布尼茲之邏輯代數 (algebra of logic) 而至羅素的數學原理 (principia methmatica)。這是由來布尼茲開端，而有積極的成果，所以是屬于正面的，此一大傳統的成就集中在羅素，即數學原理集其大成。此是有成就而積極的，有建設性的結果。

而下委的另一方面的意義是指哲學方面的牽連。哲學方面的牽連包括英美經驗主義與實在論以及現在的邏輯實證論，語言分析乃至維特根什坦。這不是羅素集大成的數學原理本有的東西，但是這個骨幹可以牽連到這一方面。這一方面的牽連我們也謂之爲下委。與下委相對的就是上提。上提這一方面，來布尼茲的思想也很豐富與複雜，是西方哲學史上最具關鍵性的人物。

可是下委的第二個意義，即哲學方面的牽連，就不似其在邏輯方面有積極的成就。這方面是消極的，因其無積極性的成就，因此我們謂之爲下委，故下委之第一義是建設的，而下委之第二義則是破壞的，是劣義。第一義的下委其成就是數學邏輯。因爲來布尼茲在當時的貢獻，就是他首先把亞里士多德的傳統邏輯以代數的方式來表示，這是由他第一步開始的。把普通邏輯中的A，E，I，O四種命題以代數的方式表示出來，這樣就很有價值。因爲以往的表示方法不夠嚴格，故傳統邏輯的三段推理有些是有效的，有些是無效的，有些很精微的問題在老的講法內没有接觸到，或没有充分地接觸到。這就是由于亞里士多德的傳統邏輯不能達到充分形式化的境地。到來布尼茲以代數的方式表示，他就可以做到初步的形式化。爲什麼說是初步的形式化呢？因爲邏輯的形式化並不是一下就能做到的，是一步一步來的，亞里士多德本身就已初步地把邏輯形式化，他是有邏輯的天才，已經是不錯了，但是做得不夠。經來布尼茲再進一步更形式化，而使亞里士多德的系統更確定。此步形式化還是在傳統邏輯方面表現，還有限制。

由此以代數方式把傳統邏輯形式化，進一步就出現邏輯代數，此就是完全以代數的形式來演算出一個邏輯系統，此是數學邏輯的第一個階段，也即近代符號邏輯的第一個階段。由邏輯代數進一步轉形就是羅素表現在數學原理中的那個系統。此就是眞值函蘊 (material implication) 系統。這個系統也不是十全十美的，因爲有些邏輯眞理它不能表示出來，因此有其優點，也有其不足的地方。所以後來美國的路易斯 (C.I.Lewis) 就另提出一個系統，稱爲嚴格函蘊系統 (System of strict implication)。故純粹邏輯或形式邏輯 (pure logic or formal logic) 是在系統方面由符號表達出來。造系統造到路易斯就已經完了，不能再造而停止了。

故亞里士多德用符號把邏輯表示成一個系統，這是第一個階段。到來布尼茲的邏輯代數又表示成一個系統，由此一轉便成羅素的系統，故此兩者可合在一起。若把來布尼茲的邏輯代數當做一個過渡，而把其與羅素放在一起，而以羅素爲代表，就是眞值函蘊系統，這是第二階段。到路易斯再提出嚴格函蘊系統，這是第三階段。純粹邏輯發展到此第三階段算是完成了。其餘加拿普 (Carnap) 寫的書不是造系統，而是對系統的解析。

邏輯系統雖經亞里士多德，來布尼茲與羅素底努力好像已完全形式化了，但加拿普指出羅素的系統雖然從頭到尾都是符號化的，都是可以證明的，但他指出還是尚未達到充分形式化的地步，還是有缺陷的。這是純粹邏輯的專門問題，我這裡姑不涉及。假設我們把加那普提出的那一點補充上了，我們可說羅素的系統可以充分形式化了。若再加上路易士的嚴格函蘊系統，則可以說邏輯已達到最高峰了。這是西方的成就，是其他的民族所做不到的。印度、中國都差得很，這是西方文化的精彩。就這一方面而言，由來布尼茲發展到羅素是積極的，有積極的成果，而且是建設性的，構造性的 (constructive)，不是破壞的，故由來布尼茲向下開，順此方面說，是下委的第一義，是好的一方面的。

但由此骨幹以及從事此骨幹的研究者，而有哲學性的牽連，則大體都保持英國經驗主義與實在論的傳統，由此方面言下委，是下委的第二義。此方面大體是消極的 (negative)，與破壞性的 (destructive)，所破壞的大體是屬于形而上學的學問，但這樣並不是完全沒有價值，就如休謨而言，康德就是由于他的刺激而覺醒，故也有很大的價值，英美的思想也不能輕視。當然以研究形而上學的立場來看，我們覺得它不過癮，但在其他方面它也有其價值，尤其在社會政治方面有其重要的函義。故了解一個東西要由各方面來看。因我們是在講哲學，故就純粹哲學而言，就哲學性的牽連來講，此第二義的下委總是消極的，甚至是破壞性的。

在邏輯方面是有積極的成就而成正果，而在哲學方面則不成正果。英國人在哲學智慧方面總是較差的，因此不能成正果。在哲學方面沒有了不起的成就或正果，他們也不要求有特出的成就。但在政治社會方面能使人民的生活有秩序能安定，有好的生活上的安排也是很重要的，這方面英國人的貢獻也很大。故一方面他們也很現實而實際，社會上講自由，其政治制度為世界上最安定的，英美的政治與社會很安定，如罷工也不會引起社會上的騷動與不安，人民也能忍受，政府也不干涉，他們維持著大憲章以來的自由傳統，尊重人權。故香港問題，英國人就力爭思想，言論的自由。在香港投資的資本家與一般的知識份子都不清楚，沒有充分的意識，但英國人就很自覺地要保持這些，才能維持香港的繁榮。但哲學思想，就其經驗主義與實在論而言，卻不高明。打個譬喻，就是寧願不做佛不做菩薩，而做一個合理的衆生，使我們的社會有一個合理的安排就夠，由此而言，有它很大的價值，但由純哲學而言則不很足夠，故言下委。

但來布尼茲的思想不只是純粹邏輯一方面，他本身對于形而上學也有很大的興趣，因他畢竟是德國人，大陸理性主義的領導人物。他的後學為吳爾夫，故一般在哲學上稱來布尼茲・吳爾夫系統 (Leibniz-Wolf System)。但提到形而上學的系統，英國人對之毫無興趣，就羅素而言，他對來布尼茲最有研究，他自以為了解來布尼茲最多，對其他哲學家的了解並不比他人多，或甚至比不上他人。他對來布尼茲的了解是很自負的，此話好像是可以說的，因為他們兩個人的心態 (mentality) 在某些方面很相契，都是數學家邏輯學家。雖然這樣，但羅素對來布尼茲的形而上學的玄思毫無興趣，他說是妄想，不過雖然是妄想，但也妄想得很清楚，此也是很不容易的。

來布尼茲之心子 (monad) 是形而上學的多元論，心子是精神的 (spiritural)，故譯為心子，atom 爲原子。不管心子或原子都是屬于多元論的。來布尼茲就指出原子這個概念是自相矛盾的，非理性的。原子是由古希臘就提出的，Democretus 就講「原子」，而來布尼茲爲什麼說原子是非理性的呢？依來布尼茲，原子是物理上的概念，故是有質量的，有質量而又說原子是最小而不可分，這是自相矛盾的，故這個概念是不通而不能成立的。故若要肯定宇宙之形而上學的最後單位，一定是心子，是精神的而非物質的，故他倡言心子論 (monadology)，故他的形而上學的系統是心子的多元論 (monadological pluralism)。羅素對之不感興趣，而由其實在論的見地一轉而成邏輯原子論 (logical atomism)。

物理的原子論可以由物理學而得到驗證，並非由于我們純粹的思辨。有驗證是由經驗的科學爲線索而引到原子的，但其實原子也不是最後的，也可以再分成量子如中子，電子等等，由這些科學發展的事實，我們就可以了解科學的原子是暫時的 (provisional)。「暫時」是說目前的知識只能知道到這種程度，因此就講到這裡。至于宇宙的客觀眞實是否是原子或量子，就不得而知了。故科學所要求的最後單位，不管是原子、量子、電子、中子，都是暫時性的。暫時性就是一種方便，即科學家爲了解析現象時方法上的方便，而不是原則上客觀地肯定宇宙最後的單位是什麼，故科學上的暫時性的原子論是可以的。

但形而上學的，不管來布尼茲的心子或 Democretus 的原子，都是出于吾人純粹思辨上的想像，沒有根據而不能得到證明，故康德稱之爲思辨哲學 (speculative philosophy) 的獨斷猜想。

至于羅素以他這種邏輯的頭腦，最嚴謹而又實在論的態度，當然不能肯定這種形而上學的原子論。但羅素也有其自己的形而上學，爲英國式的，由英國經驗主義與實在論的傳統，加上邏輯分析的方法，就一轉而成邏輯原子論。此即非形而上學的，也不是物理的。因爲物理是屬于經驗知識的，由科學家來決定。由科學家來決定的就不是屬于哲學問題。而來布尼茲的心子與古希臘的原子，都純粹是訴諸思辨的理性，玄思的理性，故是毫無根據的。

邏輯原子論是邏輯的多元論，是經由邏輯的分析，所必然地逼迫出來的。爲了我們的科學知識能夠成立，科學的研究能夠進行，我們就必須假定知識對象的多元性與原子性。換言之，邏輯原子論是由邏輯分析的處理程序 (procedure) 而逼迫出來的，有其必然性也即必要性，而非盲目地，獨斷地由客觀方面來肯斷，而是由于主觀地邏輯地處理一個對象或一個論題而必須假定這樣。故此多元性是被逼迫出來的，由邏輯分析 (logical analysis) 而來的。

依羅素，我們要有清楚而確定的科學知識，必須靠兩個原則，而不要去想宇宙究竟的成素是什麼，因爲這些都是無根據的妄想。但我們是要得到知識的，而知識之成爲知識必須通過邏輯分析的程序，此邏輯分析的程序是處理上的程序。科學之所以能夠使我們有知識，也就是因爲這些知識可以滿足邏輯分析，邏輯處理的那些條件。科學家們儘管可以不自覺到是在根據這些條件而進行，但這是不相干的。這些條件是什麼？依羅素，一個是外延性原則 (principle of extensionality)，另一個是原子性原則 (principle of atomicity)。

外延性原則是很重要的，概念若無確定的外延，就無客觀而普遍的知識。與外延相對的就是內容 (intension)，內容應用的範圍就是外延。邏輯的第一步就是要確定一個概念，也即對概念要下定義 (definition)，要下定義就要知道它的外延是什麼，它的內容是什麼。若無定義就無明白而確定的外延與內容，這樣就無客觀性，而不能客觀地被討論。因只根據個人自己主觀的想法是不能成立討論的，有了定義後才有客觀性。

除外延性原則之外，還有一個原子性原則。此也是在邏輯分析的程序下所逼迫出來的。原子性原則是表明部分可以離開全體而單獨地被研究。我們平常一言部分就想到全體，即全體與部分(whole and part)不可分。一般以爲要了解部分一定要通過全體，一離開全體就不能了解部分。反過來，也可以說全體是由部分構成的，若不了解部分就不能了解全體，這樣就成了一個循環。而原子性原則就是肯定部分可以單獨地被研究，可以離開全體而被了解，若此不可能，我們就無科學知識。舉一個例子，若要了解一根頭髮，就要了解全部的頭髮，這樣就還要了解頭部，但爲了了解頭部就要了解全身，要了解全身又要了解我所在的教室，由此推而廣之，又需要了解台北市、臺灣，整個地球乃至太陽系，若這樣一來我們到何時才能眞正了解一根頭髮呢？故若無原子性原則，我們就無知識可言。在此，原子性原則有意義，否則部分就不能被分析，故邏輯原子論就是由原子性原則而逼出來的。換言之，就是根據邏輯分析處理程序之必要而逼出的假定，這不是基于形而上的肯定或物理學上的假定。這是高度的近代化思想，這樣就可以看出選輯原子論的意義。

如上所述，原子論有好幾種形態，不管是形而上學的，物理學的或邏輯的均各有其意義，而且這是哲學的問題，哲學的問題還是要哲學地處理之。羅素有他自己的形而上學，此是由其邏輯分析所逼出的一些假定，而不是由形而上學客觀地肯斷說：如此或不如此。由此而言，來布尼茲之心子論(monadology)在羅素看來就無意義而被解消，因此來布尼茲所有的形而上學的妙思都沒有了，由此而言也可以說是下委。因來布尼茲上提方面的思想就這樣被羅素拖下，而依羅素的看法，這樣來布尼茲的思想才能一致而一貫。

故來布尼茲的邏輯分析的頭腦一直發展貫徹下去，當是往羅素那裡發展。不過有些所思考的問題實非邏輯處理所能決定的，有些是可以由它來解決，如科學知識這一類，但另外有些不是這方面的問題就不能單憑邏輯分析就能解決的。來布尼茲的思想就有些不是這一類的問題，如他講上帝，上帝在某種意義上講也是必要的。他也講意志的問題，這些都屬于價值方面的，而非科學知識的問題。而這一類問題就非單憑邏輯的分析與處理就能解決。羅素就是以其邏輯原子論來取代來布尼茲的心子多元論。可是心子多元論在來布尼茲的思想系統中還有其他的牽連，但羅素並不感興趣。他說來布尼茲的哲學中，凡越是抽象的東西，講得越好，至于講具體的哲學 (concrete philosophy) 如道德、宗教、藝術與政治等等，實踐方面的 (practical) 就很差，這些方面不是來布尼茲哲學精彩的地方。因他的思考型態是邏輯型的，故講抽象的就很好，講具體的就差了。由此來布尼茲與羅素兩人的思考型態相契相應，故羅素就可以深入了解來布尼茲這方面的思想。

至于來布尼茲那些非抽象的哲學，非邏輯分析所能處理的問題，就往康德那裡轉，經康德的批判後把它們保留下來，這是屬于上提的。這些就是不屬于邏輯的或非邏輯分析所能處理的。換言之，即價值問題，屬于道德宗教之範圍。其中的思想與觀念，來布尼茲本身之興趣也很大。但其結果是獨斷的講法，這樣就保不住。但保不住也不似羅素那樣一下子就把它們全部取消，而是想法如何把它們保存下來。這就是康德的態度。只要有價值就想法給它恰當的安排，不能隨便把它取消，這才是客觀而公正的態度。故所謂「批判」在康德處是最客觀、最合理而最謙虛的，而非亂批判。批判的本義應是論衡、衡量、抉擇與料簡的意思，所以牽連到道德、宗教的那些問題也不能隨便取消，康德的方法就是通過批判的精神，抉擇、衡量，把它們保留而不採取來布尼茲的獨斷論。

康德在純粹理性批判中批判來布尼茲的地方是非常嚴密的，在表面上他很少提到來布尼茲的名字，康德在其書中的思想與論辯很多是針對來布尼茲而發的，重要的思想與觀點都是來布尼茲講出來的，來布尼茲的思想不是很容易了解與把握的。羅素專門研究來布尼茲，而其所寫的「來布尼茲哲學之批評的解釋」一書並不完全可靠，並沒有把來布尼茲的思想完全表達出來。康德只在某些地方提到他，而且也沒有正式地正面講來布尼茲哲學，但他早已經能控制住來布尼茲了，要了解一個人至少要與其同等，同等以後才能超過他，越過他，也才能駕馭他。達不到他的程度就不能與他同等，就不能了解他，這樣就不能越過他，駕馭他。故最了解來布尼茲的應是康德。但要研究來布尼茲不能拿康德的書來做參考，因為其全書中有時甚至連他的名字都沒有提，故不知其實在是在講來布尼茲的。

來布尼茲的這一思路往羅素處發展就成邏輯原子論，往康德那裡就開出批判哲學的康德傳統與後來的德國觀念論。

來布尼茲上提方面的問題，康德乃以另一辦法處理而把其保留。邏輯方面則發展成羅素的「數學原理」。本來哲學方面的經驗主義與實在論是由英國人開出的，而來布尼茲本身也不是經驗主義也不是實在論，但由「來布尼茲・羅素」這個骨幹之哲學方面的牽連就可接觸到英國的經驗主義與實在論。英國式的經驗主義與實在論的精神在社會政治上有其價值，但就純哲學而言，還是消極的。這不但在形而上學，就在知識論方面，也是如此。若把這種思想在政治、社會方面的影響暫時撇開，而單就知識論，形而上學等哲學方面，而考慮如何來收攝這一套，如何能融進康德的系統裡，使它在知識論的範圍內不要與康德哲學相衝突，這是十分精微的哲學問題。在知識論的範圍內，兩者是否有衝突是有問題的，以英美人觀之，就以爲有衝突，因康德的先驗主義以及其「經驗的實在論」與「超越的觀念論」，英國人不太懂。不要說康德的全部系統不能了解，就是康德哲學中最初步的先驗綜合問題至今還沒有了解。其實並不是那麼難于了解，而是牽涉到民族的偏見與習慣。若客觀而嚴格地言之，其實是無什麼衝突的。以爲有衝突是英國人自己主觀的看法，因爲他們以爲經驗主義可以否決康德的先驗主義，其實是否決不了的。他們以爲實在論可以否決康德的主觀主義，這也有問題。方便言之，即使康德有主觀主義之相，但他也有實在論之相，這也是反對不了的。因康德在知識論的範圍內，正好是「經驗的實在論」(Empirical realism)，而康德全部的思想是「經驗的實在論」與「超越的觀念論」(Transcendental idealism)，這是不容易了解的，而且是常遭誤解的。

英美所謂的經驗主義與實在論（包括各種形態），其實都逃不出康德「經驗實在論」的範圍，儘管有種種說法，儘管不用康德的詞語。康德的「經驗實在論」是針對柏克來之所謂的獨斷的觀念論與笛卡兒之或然的或存疑的觀念論而發的。柏克來的「 to be is to be perceived 」（存在即被知），我們說這是主觀的觀念論，其實此詞語並不妥當。獨斷的（主觀的）觀念論與存疑的觀念論都在經驗層上說話，故康德指兩者爲「經驗的觀念論」（Empirical idealism），而在超越層上則爲實在論，故爲「超越的實在論」（Transcendental realism）。而康德在經驗層爲實在論故曰「經驗的實在論」，在超越層則爲觀念論，故爲「超越的觀念論」。柏克來，笛卡兒正好與康德相反。

「經驗的觀念論」使我們的經驗知識無實在性可言，「超越的實在論」又使我們形而上學的知識成爲妄想。其實「經驗的觀念論」函「超越的實在論」此句話只能就笛卡兒說，不能用在柏克來。柏克來之觀念論，康德指其爲獨斷的觀念論，一般謂之爲主觀的觀念論，他並無經驗層與超越層這二層之分。因爲「to be is to be perceivd」則一切知覺現象都是主觀的 idea，離開 idea 其背後再没有什麼實在，故他無超越意義的實在。康德對此並無簡別，這是他一時的疏忽，故他所謂的「經驗的觀念論」，「超越的實在論」大體都是指笛卡兒而說的。

下一講要講的是在康德的思想內，我們如何把這些經驗主義與種種的實在論都吸收到「經驗的實在論」內，我們又如何來了解「超越的觀念論」以及爲何「超越的實在論」是不行的。這樣一步一步前進，我們可以把那些亂絲都予以釐清。

而且在講經驗知識，科學知識的範圍內，羅素有好多思想都是來自康德，說得不客氣，都是偷自康德，只是所使用的詞語不一樣而已，而他自己也不提，現在邏輯實證論的思想也大都來自康德，由康德啟發出來的，故我曾經說過，在某一個意義上康德是最大的邏輯實證論者。邏輯實證論中說什麼是無意義，其實都是康德早已說過的。

故唸西方哲學，古代的哲學由古希臘起到康德以前的哲學都匯歸到康德處，康德以後的哲學都由康德開出。故沒有一個讀哲學的不讀康德的，不管你贊成與否，了解與否，了解到什麼程度，都非讀康德不可。因爲在康德的哲學內，一切哲學的問題，哲學的論點都已談論到。你需要有哲學常識，知道有那些哲學問題與其來龍去脈，康德以前如何思考，康德以後如何思考，知道了以後才能繼續前進，故讀哲學的人都可由康德處得到啟示。

他對哲學的概念 (Philosophical concept)，哲學的論辯 (Philosophical arguement)，與哲學性的分析 (Philosophical analysis)，都全部提到。世界上自有歷史以來，從沒有一個人能像康德這樣達到眞正的哲學專家之地步。眞正專業于哲學的是康德。他一生活到八十多歲，任何別的事不做，一生也沒有離開過他的家鄉，一生精力全部集中在他的哲學構思，這眞是一位了不起的人物。故有人說康德的哲學是哲學的常識，但此常識並不是平常的常識，而是非常深入的常識。也有人說過，通過康德哲學不一定有更好的哲學出現，但不通過康德的哲學則只會有壞的哲學，故讀哲學的人一定要讀康德，否則是胡思亂想或落入旁枝偏枝，而得不到學習哲學的正確途徑。

第四講

康德的「經驗的實在論」與「超越的觀念論」此對反于「經驗的觀念論」與「超越的實在論」；由經驗的實在論融攝知識範圍內一切實在論的思想，由超越的觀念論融攝一切關于智思界者的思想

來布尼茲・羅素傳統于邏輯以外在哲學方面也可下委也可上提。上提的方面是關于形而上學方面，即所謂的理性主義的獨斷論。下委方面大體是英美的經驗主義與實在論，言至此，我們再加上二次大戰以後流行的胡塞爾的現象學與海德格的存在哲學等不屬于「來布尼茲・羅素」傳統的思想。這些下委的思想，我們如何把其消化到康德的批判哲學呢？

首先要了解康德本人的思想是「經驗的實在論」與「超越的觀念論」。上講也已經提過這個思想是針對笛卡兒而言，因笛卡兒的思想正好是「經驗的觀念論」與「超越的實在論」。

康德的「經驗實在論」的意義，簡單地說，大體可以就三項來了解，即時間、空間與現象。這三端都可以表出經驗實在性與超越的觀念性。由經驗的實在性說「經驗的實在論」，由超越的觀念性說「超越的觀念論」。時間、空間與現象三端，其中時間與空間是一類的，依康德說時間、空間只在經驗現象上有效，可以應用，在此就有其實在性。假如離開了經驗現象，離開我們的感性 (sensibility)，而想像時間、空間是絕對客觀的自存體，或附著在客觀物自身上的一個屬性，這就是妄想，妄想就是空觀念，而無實在性，故言超越的觀念性。

這裡「超越的」一形容詞意思是「超絕」或「超離」義，即 Transcendent 一詞之意義。在康德「超越」一詞與「超絕」或「超離」的用法不大相同。「超越」是指某種先驗的 (apriori) 東西，先乎經驗而有，不由經驗得來，但卻不能離開經驗而又返回來駕馭經驗，有此一來往，便是 Transcendental 一詞之意義。假如是超絕或超離，即 "Transclndent"，則此超絕或超離就是與經驗界隔絕，完全隔離，一往不返；而超越則往而復返。此處言時間、空間若離開吾人的感性主體，離開了經驗現象，而想其爲客觀的自存體，或附屬于物自身上的一個形式條件，或一種屬性，這就是空觀念。但超越與超離的區別，康德本人也常不嚴格遵守，此處用 transcendental，其實就是 transcendent 的意思，此即超離、超絕。說超越的觀念性實即超絕或超離的觀念性。若不離開感性主體，不離開經驗現象而爲經驗現象之形式條件，就有其經驗的實在性。就其經驗的實在性而言，我們也可說這是時空之內指的使用 (Immanent use)，若就其超絕的觀念性而言，這便是時空之外指的使用 (Transcendent use)。此內指外指不同于 internal 與 external，inner 與 outer 之相對。Transcendent 往上超越一往不返，故超絶而外在，這外在是以超離定，簡稱曰外指；Immanent 則雖超越而又不離經驗，簡稱曰內指或內處。內指或內處，中文有時亦譯爲內在，則常與 internal 相混。但當內在與超絶對照地使用時，此時之內在人們一見便知是指 immanent 而言，故最好譯爲內指或內處。這樣，是依上下而爲內外，而不依主客而爲內外。時間、空間如此，現象也是如此。

每一個東西依康德，都有雙重身份，即現象的身份與物自身的身份。物自身的身份我們不知道。故一物如粉筆，若把它當作現象看，則它就是呈現於我們的感性主體者，其顯現乃對感性主體而顯現。當你說現象而又離感性主體，只從理性上講，或只從純粹知性上講，而不想現象以什麼方式，如何呈現到我們的眼前，那麼此時現象即一無所有 (nothing)。現象要顯現出是一個東西，就是對感性主體而顯現。如離開感性主體只從理性上想這個現象，此時這現象就是空觀念，一無所有 (nothing)。由現象也可說其內指的實在性，即內指地言之，現象是個實在的現象，不是幻象 (illusion)，是眞實實在的東西，這內指地說是對的，但外指地說就不對，只是空觀念。

康德大體由此三方面來辯說經驗實在性與超越觀念性，假若了解此三者的經驗實在性，就知道康德爲什麼說在經驗現象範圍內我們所知的一切現象的對象都是實在的。即平常所說的 matter，在康德看來也是一大堆現象，所以也是實在的，眞實的，而假如像柏克來所反對的 matter，那不是眞實實在的 matter，那是抽象的概念 (abstract concept)，因爲杯子是具體實在的東西，故 matter 不能拉掉，拉掉了，杯子不是變成空的影子嗎？matter 是實在的，若把其講成抽象的概念，杯子就成空的。故 matter 不能拉掉，不能當抽象的概念看，而是一個具體的表象，具體的現象，故杯子是實在的東西，這就是康德的經驗實在論。這三端內指地說，皆可達到經驗的實在論，外指地說，因其離開我們的感性主體，則只是個空觀念，什麼也沒有，由此而言超越的觀念論，即明超絕、超離者之觀念性。

平常人不了解康德之思想，以爲他是最偉大的觀念論，最偉大的唯心論，這些詞語都非常麻煩而不對的。康德說超越的觀念論，這不是他的思想之積極意義，不是好的意思，是個空觀念而沒有實在性，這就叫做觀念論，故非積極而好的意義。若以最偉大的觀念論或唯心論來說他，此似爲讚美之詞，這樣該有積極的意義，但對康德本身而言實非如此。在知識的範圍內，超越的觀念論是消極的意義而非積極的意義。在此言空觀念乃指對時間、空間與現象三者皆了解得不對而言。

上面只就時間、空間與現象三端是在經驗知識的範圍內言有其實在性、眞實性，但我們的思辨理性 (speculative reason)，理論理性也即知解理性 (theoretical reason) 常常越出經驗範圍的限制，而想出好多的觀念，如世界是有限或無限，世界有無第一因，世界有無上帝。這些觀念都是可以想的，但都是越過經驗可能的範圍而想的，想是這樣想，但所想的這些觀念 (idea) 並無實在性，康德稱此爲理念，意即由理性所思出的概念，而這些理念也只是空理念而無實在性。因無直覺給予這些理念以對象，在此無直覺可給，也即無對象可給，這樣這些理念不是空的嗎？

故由時間、空間與現象擴大至世界有限無限，世界有無第一因，世界有無上帝等等，在思辨理性、理論理性、知解理性之範圍內都是空觀念，由此也可說超越的觀念論，此時超越的觀念論便擴大了其所指；開始時只是時間、空間與現象三端。思辨或知解理性所構想的理念也沒有實在性，因此也可以說超越的觀念論，此超越的觀念論不是好的意思。站在思辨或知解理性的立場可以這樣講，但這並非是了義，並非究竟話頭，故康德並不停在這個地方，他留一個後路。若轉到實踐理性 (practical reason)，則上述的第一因，上帝都可以有實在性，此時可以有實在性是由實踐理性講的。因思辨或知解理性是知識的立場，由知識的立場我們對于這些都是沒有知識的，故在思辨或知解理性是沒有實在性的。但這些理念在實踐理性上有實在性，則此時就不能說是超越的觀念論。

一般人了解康德之超越觀念論，只知道上帝之存在不能被證明，故「上帝存在」之證明是不合法的，靈魂不滅也不能被證明。康德是站在思辨理性的立場，認爲這些是不能證明的，故謂之理念，理念者，理性之概念也。但轉至實踐理性講，這些理念就有實在性，而此實在性是在實踐理性上的實在性，而非知識上的實在性，故在知識上只有超越的觀念性。

康德本人的經驗實在論與超越觀念論大體是這個意思。笛卡兒就知識範圍而言，正好是相反，是經驗的觀念論。其大體的論點是：一切經驗的東西均由感性出發。但由感性所見的東西都可以欺騙我們，帶有主觀性，且隨人而異，隋時而變，就是正常 (normal) 的狀態也是無嚴格的意義，而並非一定的。這種由感性出發的都是主觀性而且可以欺騙我們，此之謂感性之欺騙性，亦即感性不能證明杯子的實在性，故謂之爲經驗的觀念性。

笛卡兒這樣說，柏克來也這樣說，故柏克來說：To be is to be perceived。存在的東西都是被覺知的東西，離開能覺知的心或覺知的心覺，就沒有存在的東西，故一般稱之謂主觀的觀念論，在此譯爲觀念論是不對的，不恰當的。因柏克來之 to be is to be perceived，被覺知的存在是在覺知之心的眼前呈現的存在，並不是我們心理學上的觀念，故在此譯爲觀念是錯誤的，令人生誤解的，以爲柏克來之主觀觀念論是哲學家在玩弄魔術，無中生有。

柏克來之 idea 非心理學的觀念，英文之 idea 有許多意義。idea 有心理學的意義，如對一件事有何想法、意見，此時就謂之觀念。但柏克來使用 idea 不是這個意思，而是指一個客觀而具體的存在。此具有現實的 (actural)、具體的 (concrete)、特殊的 (particular) 三種性質。「具體的」是在與能知之主體的關係中呈現而爲「現實的」，「現實的」都是「具體的」，「具體的」都是「特殊的」，此三者是相連而生。假如一個東西與任何覺知之心沒有發生關係，這個東西就是沒有，這是柏克來的辯論。與你、我或其他有限的存在都不發生關係，最後就與上帝發生關係，也即總不能離開能覺知之心，這也是很合理的辯論。

此時之 idea 是具體而現實的對象 (concrete and actural object)，這正好與我們心理學的觀念相反。若照心理學的觀念來作解，這就是玩弄魔術，這樣就完全不對了，故柏克來之 subjective idealism，嚴格講應譯爲「主觀覺象論」，覺象即知覺現象，相當于羅素所說的 percepts。柏克來用 idea 一詞是根據希臘文原來的意思，希臘文之原意是可看見的相，可呈現的相狀。海德格 (Heideggar) 評擊柏拉圖使用 idea 乃違反當時希臘文的原意，因 idea 本來是可看見的相，但柏拉圖把它倒轉過來變成超離的實在，故此非希臘文之原意。雖然柏拉圖能開出一個偉大的傳統，但海德格就認爲西方哲學由柏拉圖就開始衰退 (decline)，也就是其哲學系統喪失西方哲學傳統原初的哲學智慧而下降衰退。當然這是他個人的看法，並不一定可靠。

但柏拉圖把 idea 變成在經驗之外而成超絕，故亞里士多德批評柏拉圖的 Idea（理型）爲 Transcendent，而他則想把它內在化。但其實柏拉圖也可反辯說他並未違反一般使用該字的原義，因一般使用 idea 意謂可見之相，但他也可以意謂它是可見之相，只是他是用心眼來看的。故有人把他的 Idea 譯爲「相」，此譯不好。柏拉圖之意思爲理型，此譯最爲恰當，最合乎他的意思，因其爲現實事物之模型，是個 form，而且是最眞實的，在感覺世界之外，故譯爲相，是可以引起誤會的。在柏克來使用之 idea 還可勉強譯爲相。中國人使用相是相狀相貌，在佛教常稱法相，法相是屬于緣起法的。故柏拉圖所用之 Idea，依一般譯爲理型較好。柏拉圖理型也是可見之相，是個 form，而且可見得很準，不過非以肉眼來看，乃是以心眼來看，即由清淨之靈魂就可看見 Idea，而且看得很清楚。而且希臘文 Idea 一詞的含義本來就很籠統廣泛，不一定只限于感性的，也可用于超感性的，故其實柏拉圖也未必錯。

柏克來的 idea 其實是覺象，即我所覺知的現實存在。這樣一來譯爲主觀觀念論是完全錯誤的，不但不表意而且錯誤，故當譯爲「主觀的覺象論」。但依主觀的覺象論，儘管說是一個對象是具體、現實而特殊的東西，但只是訴之于我們之感性知覺 (perception) 而呈現的現實對象，仍然是些主觀性的東西，仍然可欺騙我們而無保障的。若只是這樣說下去不能證明杯子之客觀實在性。

所以由感性而給與的對象要有客觀實在性，是要加好多手續的，這好多的手續是無人能反對的，大家共同承認的，就是實在論的羅素也說「我們的哲學都是帽子底下者的哲學」，也即腦神經中的東西的哲學。一切現象，一切特殊的東西 (particulars)，也即我們所覺知的一切特殊現象，都是屬于腦子裡的，故純粹是自我中心中的特殊現象 (egocentric particulars)，而這些自我中心中的特殊現象要能成爲有客觀性的對象，依羅素也須靠一些條件。而這些條件他稱之爲設準，這些設準不能證明也不能否證，但是在技術上是需要的，這些思想其實與康德的思想差不多。羅素是歷來反康德的，但說到這個地方羅素就讓步了，說好聽是讓步，說不好聽是投降，可是還沒有完全投降。

如上所述，康德之超越觀念論不是好的意思，idea 在這個地方可以譯爲觀念，因其無實在性故爲空觀念。康德在知識的領域內，他的正面主張是經驗的實在論，不是經驗的觀念論，就是說，通過感性而有的主觀表象，是在諸多形式條件下而成爲客觀地實在的。至于說到自由、上帝、靈魂不滅等 idea 即他說的理念，意即理性所發出的概念，因在思辨理性之領域內，這些理念只是空洞的理念，因爲一個概念必意指一個對象，而此對象之實在性是不能被證明的，此時理念就可以被貶視爲是空觀念。

至于笛卡兒則認爲我們的知識對象都是由感性而給與的，但感性可以欺騙我們，故只從感性上不能證明杯子的客觀實在性。其客觀實在性既不能被證明，故從感性上說，杯子很可是一個虛幻的空觀念，此爲存疑的，或然的觀念論 (problematic or sceptical idealism)，亦即是經驗的觀念論，即，對于對象，由感性出發而說的經驗上的可疑的、或然的觀念論。柏克來的 Subjective idealism 也是經驗的觀念論，因他也是從感性出發，覺象均經由感性而得。但他所用的覺象 (idea) 卻是指具體特殊而現實的東西說，他認爲此即是眞實的對象，因上帝把它們呈現到我們的眼前。但就由感性出發而得覺知而言，這仍是主觀的觀念論——覺象論，亦即仍是經驗的觀念論（覺象論）。故柏克來、笛卡兒兩個形態均是經驗的觀念論，唯觀念底意指不同而已。經驗的觀念論使我們經驗的對象，全部的現象世界變成空幻，這個結果很壞。康德在此就不主張觀念論而主實在論。在經驗觀念論下，客觀的知識就沒有了，我們的知識能知道什麼呢？我們所知的全部現象界都變成空幻，這是其論辯的自然結果。我們不能反對這個結論。雖有上帝的保證亦無用。

故康德那套思想在知識這個領域費大力來扭轉柏克來之「主觀覺象論」(subjective idealism)，笛卡兒的「存疑的或或然的觀念論」(problematic or sceptical idealism)，這些爲經驗的觀念論，故康德爲經驗的實在論。假如在此不能言實在性，不能說實在論，我們所知的現象就無實在性。由于我們知道這些現象要靠時間、空間這些形式條件，離開這些形式條件我們不能知道現象。那麼時間、空間若不爲感性之形式條件，便無實在性。時間、空間這些條件無實在性，現象便不在時空中，因而也無實在性，這樣就無經驗知識。這個辯論是很強有力而且很銳利的，這就是由十七至十八世紀那個時代中的眞正的哲學問題。這些問題現在的人都不談了，而這些問題其實也是非常麻煩的。這些由現代人看來是古董，其實是眞正的哲學問題，這些哲學問題還是要哲學地處理之。如果哲學問題通過什麼方法來分析，分析的結果是被取消，這不是眞正解決問題之道，故現在就有人重視十八世紀的思想，這些思想才是健康的，積極的，建設的 (constructive)。二次大戰後，十九、廿世紀的思想都不行，才是眞正的衰退 (decline)，而西方的近代文明其實是靠十八世紀開出的。

經驗的觀念論依笛卡兒的想法，感覺不能證明對象的實在性，但我們又假定有客觀而實在的對象，但又不能由經驗來證明，那麼這樣就是超越的或超離的實在論（Transcendental realism）。笛卡兒證明 matter 與 mind 爲獨立的兩個 substance。那種證明完全是以純粹理性的推理來證明，這不能算是眞正的證明，其實是不能證明。他先證明 mind 這個 substance，這是由「我思」而直接證明的，其實只是直接意識到。然後再通過上帝底存在之證明而證明 matter 這個 substance，這是間接的證明，其實只是由上帝來保證。然而，證明上帝這個 substance 之存在乃是存有論的證明（ontological proof）。他由此就知識而言，就保證了客觀方面有實在的對象如杯子。若不管上帝那一方面，這樣肯定客觀實在的杯子就是超越的實在論。康德在此正相反，是超越的觀念論，這不是反過來嗎？故一定要主張「經驗的實在論」與「超越的觀念論」。

笛卡兒首先由「我思」肯定「心靈」（mind）這個「本體」（substance），外在世界的本體是「物質」（matter）這個「本體」（substance），因而有兩個超越的本體，此即笛卡兒的超越的二元論。但康德在此聲明經驗意義的二元論（dualism in empirical sense）是可以講的，但超越意義的二元論（dualism in transcendental sense）是不能講的，因後者不能證明而站不住的。這個見解也很有啟發性，且很微妙而不易懂，超越意義的二元論就是笛卡兒的思想，經驗意義的二元論是康德的思想。只能有經驗意義的二元論是很明白的。但于心物超絕地言之，我們能說什麼呢？這裡頭有很微妙的道理，玄得很，在此表現得最好的是佛教。

康德已經有玄微的思考，已經有暗示，爲何可以有經驗意義的二元論？因很明顯的我們

依內在感覺 (inner sense) 有內部直覺，依外在感覺 (outer sense) 有外部直覺。而究竟這兩種直覺顯然是不同的。在經驗世界的範圍內，心就是心，物就是物，這個不能混亂的，不能瞎調和的。在這個地方不能說色心不二或心物是一那些不相干的話，故經驗意義的二元論可以說，但超越意義的二元論則不能說。在我們經驗知識的範圍內，心 (mind) 與物 (matter) 是不同的，我們了解自己的心是在時間這個形式條件下通過內部直覺而見到的。而了解杯子這個物體 (matter) 是在空間這個形式條件之下通過外部直覺而見到的，故在經驗上心與物兩者是不一樣的。因此在經驗意義上，不能講一元論，色心不二、心物是一在此都不能講。

若不在經驗範圍內，超越而外指，超絕而超離地講，康德說這時心與物是否能分得這麼清楚，是很難說的，而且不一定，他說得很老實。首先要了解，在超越的層次上，在康德就是所謂的智思物 (noumena) 這個範圍，即物自身之範圍內，心與物是否能如經驗世界範圍內分得那樣清楚，是很難的，做不到的，因爲在物自身範圍內，時空是不能應用的。他的論辨完全是根據邏輯的推理 (logical inference) 而推想到的，他的思考力很強，但他說這一大套我們並不親切。只是根據邏輯的推理，似乎理當如此。

對智思物要講話是不可能的，因無根據。以什麼根據能說在智思物範圍內不是如此？因爲對智思物要想有所說，表示態度，一定要對之有直覺 (intuition)，但我們的感觸直覺 (sensible intuition) 是達不到的，能達到的是智的直覺 (intellectual intuition)，但這種直覺依康德，人類是沒有的，既沒有，我們能說什麼呢？所以無直覺可給，就是空的，範疇也不能應用，故不能有任何判斷或加上任何謂詞。即以此故，康德推想超越意義的二元論是無根據可以成立的。他只是這樣推想，生硬得很，而一般人更是不懂，總是如隔萬重山。

但東方，中國的傳統對此有學問的傳統，有清楚而確定的觀念，故能清清楚楚確定地講出爲什麼在此不能有二元論？在此有許多漂亮的話題，不是如康德那樣只根據邏輯的推理而推想。如佛教的智者大師，儒家的王陽明到後來的王龍溪，都對之講得非常清楚而確定，瞭如指掌。中國的這些先賢在一千年前就已經說得比康德透闢多了。道理不管由誰講出，不管時間空間的差距，但一成道理就有普遍的意義。因爲只要是人，人是有理性的，不管古今中外，凡是人就能合理地思考，能合理地思考，就有普遍性的概念 (universal concept)，這樣就有客觀的意義，所以道理是可相通的。如大家對此要有基礎知識與進一步的了解，請參閱我的中國哲學十九講、佛性與般若等書。

康德已經釐清以往的氾濫，但因經由邏輯的推想故對智思物說得總是消極，但在經驗範圍內的現象界，他說得清清楚楚，而且都完全展示出來，因爲這方面有直覺做根據，故在這方面他說得清楚而積極。在此我的目的是要點醒關于二元論，經驗意義的二元論可以講。當我說經驗意義的二元論可以講，意即在知識的範圍內不能說物我雙忘，主客並泯，乃至色心不二，心物是一，這些話，因此心物是可以分得清清楚楚的。但超絶地言之，心與物就不必然能那樣分得清楚，以是故，超越意義的二元論是不能講的，因此始有色心不二，心物是一，乃至智與智處俱名爲般若，處與處智俱名爲所諦，以及王龍谿的體用顯微只是一機，心意知物渾是一事，那些玄妙的話頭，但卻清楚的很。

這就是康德把經驗的觀念論轉成經驗實在論，把超越的實在論轉成超越的觀念論。來布尼茲·羅素傳統的哲學方面的牽連就是所謂的下委方面，包括英美與羅素以後的經驗主義與實在論，這些雖有種種的說法，但都說不出名堂與道理。反正他們就是承認經驗對象有客觀實在性，若無客觀實在性，我們科學研究的是什麼？就是這麼一句話，其實這句話只能說是信念，不能說是證明，並不成論辯。大體一般人的實在論都是這一類的，反正在這個地方也不要辯了，越辯越糊塗，我們就乾脆承認其客觀實在性就好了。若無客觀實在性我們的科學知識就無對象了。他們的說法大體都是屬于這一類的，故這些實在論實無多大的意義。

我們就姑且承認他們有相當理由，但都是零零碎碎的，這些思想都是無統宗、無歸宿、無收攝。而這一類的思想，也就是這些種種的實在論，均不能逃出康德的「經驗實在論」的範圍。由此實在而成為經驗的對象，而其所以成為經驗的對象是要靠一些條件如時間空間以及十二範疇等，這些條件是主觀的，但這些主觀條件並不妨礙其所成的對象是客觀的，故他們指康德是主觀主義，這種指責是似是而非之浮辭。時間空間與杯子是兩種不同的東西，而他們對時間空間根本沒有了解就判斷康德是主觀主義。時間空間是虛的，但是又很有用，我們天天就離不開時間空間，若說他們是實的，那它們在那裡呢？我們可看見杯子，但不能看見空間。在外在世界有杯子這個對象，可是外在世界並無時間空間這個東西。所以對于這一類的東西都要仔細去了解。這些都是哲學上的概念。故以康德的說法，時間空間是主觀的，這個主觀的意義並不妨礙杯子這個現象之客觀實在性。既然不妨礙其客觀實在性，但同樣地我們也不能因而就說時間空間是客觀實在的。這不是拆開了嗎？為什麼一定指這樣的說法是主觀主義呢？時間空間如此論，十二範疇也是如此論。作為範疇的那些概念，稱為純粹的形

式概念 (pure formal concept)。形式之所以爲形式，是因爲代表法則，故爲法則性的概念，法則性的概念是虛的，可由我們思想本身發出，也不妨害經驗對象或現象間的因果關係是客觀而實在的。相反的，也不能因爲經驗對象與現象間因果關係之客觀實在性就說那些作爲範疇的純粹的形式概念也同時都視之爲客觀實在的，這也是可以拆開的。這都需要我們對每一概念，每一詞語都有最恰當的了解，恰如其性而了解之，如錯了就成大混亂。

康德的思想儘管時間、空間、十二範疇是主觀的，但他是經驗的實在論。而那些無歸宗無收攝的實在論，就以英美的經驗實在論來說，他們總不肯承認時間、空間與十二範疇是使現象可能，使經驗知識可能之條件，而且是主觀的。既然不肯承認這些，那麼他們究竟憑什麼條件來說經驗對象的客觀實在性呢？他們又說不出來。

如懷德海、羅素這些大哲學家都還是以時間、空間爲客觀的 (objective)，是由經驗中抽象出來的。但經驗就是經驗知識，當我們一說經驗知識，這些條件早已有了，故認爲時間、空間是由外面的經驗抽象出來的，這不是顚倒、倒果爲因嗎？

他們就是不承認康德的這種說法，如羅素，他認爲知識都是由經驗出發，如有客觀性就需要有些條件，可是依他的說法，這些條件既不能證明也不能否認，他稱之爲設準 (postulates)。他所意指的設準大體都是康德所說的範疇，故我說他是讓步了，其實就是投降。但他不像康德排得那麼整齊而有系統，他只是隨便地舉了五個，但都屬于康德的範疇與時間、空間。而我們若問羅素你把這些成立客觀知識的條件放在那裡呢？他就沒有地方放，他說這些是假定、設準，就擺在那裡算了。這些假定是歸到那裡呢？是歸到對象呢？或歸到知性呢？在這裡他就存而不決，在此他不表示態度。因爲他不喜歡往知性那裡收攝。康德是把範疇歸到知性，由知性而發，時間與空間是感性之形式，由心靈之主觀構造而立。但英國人就不喜歡這一套，此不喜歡是情感的，是沒有什麼道理的，反正我就是不喜歡。但進一步追問這些設準是不是一定屬于客觀之對象的，以羅素之聰明他知道這是不能證明的。故他的邏輯原子論，還是由邏輯分析的立場而言，並不在客觀世界處去肯定世界最後的單位是原子，他不能肯定這種說法，這就是羅素的聰明處，也是英國人的聰明，邏輯原子論是高度工巧化的思想。

但是要講到這些設準之收攝處、落實處，他就不願如康德那樣歸到知性，他不喜歡這樣，其實他不能違背。他不放在這裡也不放在那裡，他連原子都不能客觀地肯斷，他那能客觀地肯斷那些設準呢？他只說我們在知識上需要這些東西，因爲既無人能證明之，也無人能否證之。這說得好像很謙虛，其實是英國人不徹底的態度，英國人有極度工巧的微妙處，也有那不徹底的態度。德國人則徹底追根究底非得解決不可。英國人的心態 (mentality) 很有趣，他們能把工巧與不徹底這兩面運用得恰好。該工巧的時候斤斤較量，精密得很，是典型的商人民族，頭腦精密得很，慢工取巧匠，慢吞吞地不慌不忙。在他所能處理的範圍內，他做得很像樣子，但在他所不徹底的範圍內，就不了了之。他在經驗這個範圍內也應付得很好，在這個地方，因爲靠經驗，所以沒有絕對，在經驗中那有絕對的呢？共產黨人專就經驗的東西找絕對，所以結果是大顚倒。經驗的東西那裡有絕對的？故英國人能站得住是有他一套的，有道理的。

但是這一類無歸宗無收攝的實在論，均脫離不了康德的經驗實在論的範圍。說康德的主觀主義是就時間、空間與範疇這些形式條件而言，其實這些形式條件並不妨礙對象的實在性。經驗主義與一般的實在論講實在就不接觸這些問題，要說實在一切都是實在：對象是客觀的實在，故時間、空間也視為外在而與對象一起而為客觀的實在；對象是物理現象(physical phenomena)，當然是有客觀實在性，故把本體、因果等那些作為範疇的純粹概念也都視為外在而為客觀的實在。在康德，對象與使對象可能的條件這兩者是可以拆開的。把它們皆歸到外在是輕率的，也是很方便而簡單的，但其實是不通的。不要以為對象是客觀實在的，時間、空間即客觀地附著在杯子上，由對象把時間、空間抽出來，這樣想就顛倒了，一般人都是這樣想，對範疇也是如是觀。

故一切實在論都脫離不了「經驗的實在論」這個範圍。而他們辯論的論點就是以主觀主義來責難康德。其實主觀是指時間、空間、十二範疇說，不指對象說。對象是現象，是實在的，但他們不知時間與空間及範疇雖發之于主體，然而亦只在經驗範圍內有實在性，如是，遂統統視為外在的，故他們這種實在論說穿了其實都可消融到康德的經驗實在論，而以此範域之。

英美式的實在論既可如此被處理，至于德國式的實在論，如胡塞爾、哈特曼與海德格這些人的思想也是反康德的。胡塞爾的思想其實也不出經驗實在論的範圍，他施行他自己所謂的現象學的還原(phenomenological reduction)，目的是為了成就整個的知識，整個的科學，使其成為準確的科學(exact science)，它沒有特殊的內容，但只作為一切特殊科學的公共基礎，故現象學以胡塞爾自己來說是一種方法論，而此方法論處理應用的範圍不能離開現象界，也沒有離開康德的經驗實在論的範圍，因爲他是說準確的知識，他的思想裡沒有 noumena 與 phenomena 的分別。noumena 這方面他是沒有的，這就是說他沒有價值世界，不講價值世界而只講知識世界。不管其精確性如何，嚴格精確的是數學，不十分精確的是物理科學，故還是在知識世界的範圍內，也即康德所謂的現象界的範圍內，故他還是脫離不了經驗實在論的範圍。儘管他不似康德把時間、空間視爲主觀的形式條件，也不視十二範疇是決定現象的純粹形式概念，儘管他說話的度向 (dimension) 不由此說，因而也是無歸宗無收攝的說法，然而他還是脫離不了經驗實在論，那能反對康德呢？

他自己以爲可以從經驗實在論解脫出來，可以不受這個籠罩，他以爲他另開一套，而他這一套是讓對象自己說話，讓它自己把自己呈現到我的眼前來，以現象學的還原法把眼前這些經驗材料 (empirical data) 一個一個抽掉，使它的本質 (essence) 呈現，因爲經驗材料是由感性而來，這樣就不能成就正確的知識。故他通過意指的分析 (intentional analysis)，把本質呈現出來，提到本質就是概念 (concept)，概念是普通性的 (universal)，故以此方法讓對象自己呈現出來，經過這樣的程序呈現出來的就是客觀的，那麼客觀的就不會受康德主觀主義的籠罩，而可以從他的主觀主義解脫出來，即是說康德所講的那些形式條件可以是不必要而沒用的，康德所講的時間、空間是直覺的形式條件，這也是沒有用的。但所謂沒用只是表示他沒有想到或意識到，沒有意識到並不就是沒有用的。

把對象的經驗成份拿掉，而把其本質，普遍性的成份呈現出來，這不表示你能脫離時間空間與十二範疇這些形式條件的籠罩。由時間空間與十二範疇的形式條件來決定杯子這對象，決定後杯子就是一個個別的對象(individual object)，還是杯子。杯子還有構成杯子的種種特性，而若把這些特性一步一步通過現象學的還原，而把杯子本身的本質呈現出來，這一套是可以做的，但這是康德所不必做的。因爲康德所要做的正是杯子如何能成爲一個有如此這般特性的客觀杯子。這是說在那些形式條件的決定下杯子才能成爲客觀的對象，成爲客觀的對象才有如此這般的特性(property,constitution)，對于這些特性作分析或邏輯分析當然可以做，康德並不反對，可是這不是問題的所在，說話不從這裡說，因爲這是後來的文章。這樣胡氏如何能脫離經驗實在論，如何能脫離時間空間與十二範疇的形式條件的籠罩？又如何能脫離超越的統覺之綜和的統一？（胡塞爾的純粹意識之智思與所思之結構實不能脫離超越的統覺之範圍）。胡氏說他自己能脫離，那只是他自己沒有想到，沒有接觸到，其實康德還在那裡控制著他。故胡塞爾的思想也沒有什麼眞正可以離開康德處。他以爲可以建立一個準確的科學，以爲一切科學的公共基礎，這是空話。胡氏未曾說明邏輯與數學，而道德、宗教等價值問題都沒有接觸到。然則所謂「爲一切科學的公共基礎」這句話究竟有多少意義呢？內容太簡單而表現的卻好像很複雜，曲曲折折煞有介事，但其哲學性的論辯其實太簡單，就如剛才所說的可以成爲問題的，是可以辯說的，但胡氏沒有接觸到。如是，胡氏實脫離不了康德的籠罩，只是不自覺而已。

這些思想都是二次大戰以後很流行的，這些思想都是世紀末衰世的「纖巧」哲學。現代人是纖巧，纖巧很不好。工巧還好，工巧還是中性一點，纖巧就不見得好。如胡塞爾、海德格、維特根斯坦都是纖巧，這些人的哲學看起來有很多的妙處，其實一無所有，他們的哲學在論辯的過程中有吸引力，有迷人的地方，但終究是不通透的，故這些思想都是無歸宿無收攝的。

第五講 康德的經驗意義的二元論與羅素的中立一元論：超越意義的二元論不能成立

上講提過經驗意義的二元論 (dualism in empirical sense) 可以講，超越意義的二元論 (dualism in transcendental sense)，如笛卡兒所主張者，則不能講，又說到康德的經驗的實在論，順此言英美式的實在論的思想，儘管有種種說法，但不管什麼說法都不能逃出康德的「經驗實在論」的範圍。凡此皆是歷史上的故事，總之，一方面重新使我們了解英美的思想，一方面使我們重新仔細了解康德本人的思想。

我們現在再順經驗意義的二元論來看羅素的中立一元論。羅素在現象範圍內不主張二元論的思想。康德的二元論是經驗意義的，而非超越意義的，超越意義的二元論康德本人也不主張。而羅素並沒有超越層上二元論的意義，因爲羅素只有一層無二層。羅素在康德所謂的經驗意義的二元論之範圍內，他不喜歡二元論之名詞，而以一元論名之，在此範圍內他是主張一元論的。他想取消傳統傳下來的心 (mind) 與物 (matter) 的問題，取消後他遂把他的思想名曰「中立一元論」(neutral monism)。

對經驗意義的二元論而言，羅素爲中立的一元論，也即是說，對心物問題而言，他不主張二元論而主中立一元論。但就整個世界以觀，即是說，就羅素型的形而上學而言，他又是多元論，而此多元論是以邏輯的原子論來規定的。這在前面已經說明過。

羅素的中立一元論，由十九世紀末至廿世紀以來，爲英美思想之主流，似是一流行的風尚。他不喜歡傳統上傳下來的笛卡兒的 mind 與 body 之超越意義的二元論。對于這個問題，康德說得很穩當，在經驗範圍內不能抹殺心與物之差別，故他言經驗意義的二元論。至若離開經驗而超絕地講時，心與物是否能分得那麼清楚則不能斷定，故超越意義的二元論是不能講的。但在經驗範圍內之二元論是表示心物底差別是經驗上的事實，經驗世界日常生活上的事實，而不能抹殺，不能混攪的。

可是羅素對此問題所採取的態度，就無這樣穩當，他不喜歡傳統傳下的超越意義的二元論，那是可以的，但在經驗意義範圍內，現實生活的範圍內，他想建立中立一元論，這樣就攪亂而混漫。他所說的中立是什麼意思呢？因爲心既不能當作一個超越的本體看，則亦無所謂物，物也不能當作一個超越的本體看。他只是以事件 (event) 一詞來代表。這是近代廿世紀尤其英美思想家所喜歡用的字。不管發生在外部的，如呈現在我眼前的桌子，就是一堆特殊的事件 (a group of events)，或發生于我們內部的，如種種心態，也是些事件。他就這樣先提出一個中立性的名詞——事件 (event)。但爲什麼我們現實經驗上有心與物之分別呢？這是後來我們解析的結果。若服從因果法則就是物理事件 (physical events)，由物理事件構造成物這個概念，故物非超越的本體，是由一些服從因果法則 (law of causality) 的事件所構成的，這是由事件來說明物這個概念。同樣地，也無所謂心這一超越的本體，心是由服從記憶（念舊）法則 (law of mnemonic) 的事件所構造成的，此之謂中立一元論。

羅素在他的心之分析 (Analysis of Mind) 與物之分析 (Analysis of Matter) 中，分析的結果都成特殊的事件。把 mind 打掉，也就是把主體打掉，故無所謂唯心論，也無所謂主體性。把物打掉，也無所謂唯物論。把這兩者都化爲事件，因此也無主客的對立。依維特根什坦，無所謂主體、客體，與由之而推出的心與物之分，一切都被視爲個個原子性的事實 (atomic facts)，故爲泛事件論。因此在邏輯命題的世界中，只有事件與事件間之並列關係 (co-ordination)，而無主體與客體間之隸屬關係 (sub-ordination)。

並列與隸屬是相反的。若只是事件之並列，就無主客間的對立；若有主客間的對立，就可以有隸屬關係。而以往傳統的超越二元論之由來，以維特根什坦的說法，是源于我們的偏執。站在純邏輯的觀點上，不管是 physical events 或 mental events 都可以把其化爲邏輯命題而把其表達出來，故站在純邏輯的觀點，一切皆可視爲命題世界，這樣就成泛事實論，純客觀主義，也可謂大客觀主義。即是說，這是以凌空的，泠泠然的邏輯觀點來看世界，不管是外部的物理世界或內部的心理世界。這種凌空，泠泠然的橫觀的態度是很能吸引人的，以爲這是很灑脫而自在的。但這種態度實只是通過邏輯分析取消了問題，並不能解決問題。

他們不喜歡以前的二元論的看法，而提出中立一元論的思想。服從因果法則的事件就是物，服從記憶法則的就是心。這種思考方式與以前傳統的思考方式截然不同。以前的思考方式是就眼前呈現的事實往後推尋，而追尋其背後的根據，稱爲存有論的推斷 (ontological inference)，此種存有論的推斷只是推斷某某而不能直接證明某某，這是以往的思考方式。但是這個方式都是由結果推原因，而在純邏輯上這種倒推的方法是不能成立的，因爲一個結果是可以有許多不同的原因造成的。羅素的思想就是不喜歡這種思考方式，他認爲只由眼前呈現的事件(events)，依其所服從的某種原則，我們就可以構造某某，故羅素就提出「以構代推」之原則。以構造的方式來代替傳統之存有論的推斷之思考方式，這是近代化的思想，是近代人的巧妙。

同樣地，胡塞爾也反對傳統的那種推斷的思考方式，故主張以現象學的還原法，就意指分析而讓客觀的事實本身自己呈現出來，這也是現代人思考上的工巧，反對以前人的往後推。此種思考方式其實都非開始于羅素或胡塞爾，而是開始于康德。康德在經驗知識的範圍內，就是採取就眼前呈現給感性主體的表象來構造，只是其構造方法與羅素的不一樣，也不走胡塞爾的意指分析之路。康德說物也不是超越的本體，而是一大堆表象，而且是可以直接證明的。依康德，物就是在空間形式條件下呈現的一大堆表象，而心則是在時間的形式條件下呈現的一大堆表象。這樣就可以看出羅素中立一元論的思想是來自康德。羅素說事件，康德說表象，內部外部都一樣，在羅素說是事件，在康德說是表象(representation)。故我們若不爲表面的詞語所蒙蔽，就可以看出羅素的這些思想其實就是來自康德。康德說表象，但承認經驗意義的二元論，羅素要花樣，不管經驗意義的或超越意義的二元論，他皆反對，他主張中立的一元論。

如上所述，依康德，不管外感(outer sense)，或內感(inner sense)，所給的都是表象

(representations)，而羅素則謂之事件 (events)。如是，則兩者之間究竟是有何根本的差異？而羅素把服從因果法則的事件歸爲物，服從記憶法則的歸爲心，這樣，則羅素之中立一元論與康德之經驗意義的二元論，豈不是一樣嗎？若羅素以事件說其一元論，則康德以表象也同樣可說一元論，其間的差別只是羅素不喜歡二元論，而把其重點放在一元論。而就康德言，在經驗層次上，如只因同是表象而說一元論，這是無意義的，故他在經驗層次上主張二元論，但他也承認二元論在超越層上是不能成立的。羅素則在經驗層上也一樣不主張二元論而主張一元論，故他很明顯地偏愛一元論，這是羅素思考中情緒上的主張與偏愛，而經驗層上的中立一元論，把一切都說成事件，其實是混漫，而康德在經驗層主張二元論是康德的思考較爲嚴格而穩當。不能分的就不能分，該分的就應分，不能混在一起而成混漫。羅素天天宣傳邏輯分析，科學知識是屬于邏輯分析範圍的，故他可以講得很合乎邏輯與科學，但在科學知識以外，他就說得不邏輯，不科學。這一種現象也隨著羅素思想的傳入中國而感染了中國人。那些宣傳邏輯的人，他們對其他事情的主張也是一樣最不合邏輯，而宣傳科學的人，其態度也最不科學。本來邏輯與科學是屬于學術研究的，而不能成爲宣傳崇拜的對象，一落入宣傳崇拜那就是情緒的。

中國人喜歡一元論，其實這不是情緒的喜歡或偏愛的問題，而是有其實踐上的必然性的。在實踐的境界上，達到物我雙忘，主客並遣，在此並無所謂主觀客觀，主觀消失了，客觀也消失了，中國儒釋道三家對此均有體會。物我雙忘，主客並遣時，二元論就不能成立，這個境界也就是康德所謂的超越意義的二元論不能講的緣故。康德這樣講是根據他的思考，只能這樣想，但不能十分清楚瞭如指掌，這是依他嚴格的思考路向所達到的結論，一定是這樣而不能隨便亂講的。

但依中國的傳統思想而言，達到物我雙忘主客並遣，是經過修行實踐而達到的聖境，不管這個實踐的聖境是儒家式、道家式或佛家式的。如無達到這個境界就不能成聖成佛。故成聖成佛非得經由經驗知識界，現象界往上翻而一定達到超越層，即康德所謂的 noumena，故中國人所言之物我雙忘，主客並遣，依西方哲學言，嚴格講是屬于 noumena，故超越意義的二元論不能講。在此能不能說一元論？中國人在這個地方就說得非常透澈而清楚，因中國人可經由修行實踐而眞正做到，而康德則由其思考而推測到。中國的思想家因爲有儒釋道的傳統，幾千年來工夫與用心都用在這個領域，所以就能非常清楚而透澈，其實在此二元論不能講，一元論也不能講，好多微妙的玄談都在這個層次，這個範圍內。

但現代的中國人因其有這個背景，有其老祖宗傳下來的習慣，故喜言萬物與我並生，上下與天地同流這一類話。故一看羅素的一元論，以爲是不錯，合乎我們的傳統思想，這是大混亂。現代中國人的思想就是這樣的混亂，因此而造成災害。其實中國人喜歡一元論的背景與羅素不同，羅素是在經驗實在論的範圍內講的，但在經驗實在論之範圍內講一元論就是混漫。其實羅素的以構代推，中立一元論的思想都啟發自康德，而中立一元論是由于他不明白問題的本質，加上自己的偏愛，有一個滑轉而分際不清楚，終于造成混漫。羅素的思想就是沒有歸宿，沒有收煞。他只是這樣說明，但康德是要解答一個問題，故有一定的歸宿與收煞，羅素只籠統地說以構代推，依因果法則構成物，以記憶法則構成心，其實因果法則可應用到物，也可應用到心，只要屬于現象都可應用因果法則，他那種分別實不必要。而重要的問題所在是因果法則如何來的呢？羅素就不管這個問題，這就是羅素的不徹底處。心與物都是構造，但不是泛泛地根據因果律就構成物，根據記憶法則就構成心，不能這樣泛泛地講就可了事。依康德，外部感覺與內部感覺在時間空間條件下所呈現的表象，通過範疇之決定，就是物與心。

物是一大堆表象，外部直覺在空間這個形式條件下把它們呈現給我們。故羅素要想使這些事件具體地呈現在眼前，一定要在空間之形式條件下，這樣才有交代，因空間是一種先驗的形式 (a priori form)，爲心之主觀建構 (Subjective constitution of mind)。只在空間之形式條件之下呈現還不夠，要能成爲物，進一步還須範疇之決定才能使表象形成那作爲客觀性的知識對象的物。羅素說因果律構成物理事件 (physical event)，而因果律由何處來他就沒有解答，而康德則認因果法則乃由因果範疇而來，此因果範疇爲十二範疇中最重要的一個範疇。那些內部外部表象在範疇之決定下，就是現象意義的心與物。康德說決定而不說構造，其實兩者差不多。決定是範疇應用下之決定，因現象只是在時間、空間之形式條件下呈現還不夠，還不能成爲一客觀的對象，知識的對象。

表象一定要在範疇之決定下才能成爲眞正知識的對象，才是眞正客觀的。就心或自我 (mind, ego, self) 言也是如此。在時間之形式條件下所呈現的內部現象，還不能眞正代表自我之知識，還要在範疇之決定下，才能對「我」有知識，而此時所知的「我」是現象意義的我。物質也只是現象，內部外部都只是現象。現象意義之物質是知識的對象，現象意義的自我，也是知識的對象。超過時間、空間之形式條件與範疇之決定以外，就沒有知識，知識達不到，那依康德就屬于 noumena，物自身。這些是知識所達不到的。

在我們知識所能達到的範圍內，就「以構代推」而言，康德一方面與羅素相同，一方面又有不同。不同處就在其有先驗的條件，而不是籠統地說構造。而先驗條件就是羅素所不喜歡的，故他就成爲不徹底，無歸宿與無收煞。他以爲一講先驗條件就是主觀。羅素以爲把時間、空間看成是先驗條件，把因果常體等視爲範疇，這就成爲主觀的。但他認爲時間、空間是客觀的，是由現象抽出來的，十二範疇所說的本體，因果，量等等也都是客觀的，在此他就是實在論，可是就這些講，實在論早已被休謨打倒了。他早已告訴我們，由經驗上得不到因果律，也不能證明，故休謨解釋因果律是由于我們的習慣與聯想，故無必然性。

康德就是繼承這個思想，因果律不能由經驗上得到的，但我們的知識沒有這些條件便不可能，故康德視這些爲先驗的 (a priori)，而歸宿於我們的知性 (understanding) 本身，這些都是形式的。時間、空間是形式條件，範疇所代表的純粹概念是形式性法則性的概念。此概念與對象如杯子的概念不同，此後者乃服從經驗，因杯子是客觀的對象，是由感性給予的，我們的感性直覺不能創造杯子。但是那些法則性的概念與經驗的概念不一樣，這個地方講主觀並不妨礙講實在論。一講實在論並不是說一切都歸于外在的實在，都歸于客觀的對象。

如上所述，儘管一元論的名詞與康德的經驗意義的二元論不同，但本質上，一個說同是表象，一個說同是事件，這已差不同了。但講到時間、空間就與康德不一樣了。其「以構代推」與康德相同，但講到心與物之構造之根，就與康德不同，但以此不同就說康德是主觀主義，這個判斷是錯誤的，反對主觀主義而把時間、空間與範疇都推到外在去，而歸于實在論的，這也是錯誤的，這樣，一定又落到休謨的結論。後來羅素也知道這些條件經驗上不能證明，所以他承認時間、空間與一些範疇，共五個爲設準 (postulates)，而不稱爲範疇。設準是說我們爲了成立經驗知識，非得靠這些假設不可。這些假設在經驗上我們得不到證明，可是也不能否證，但我們是需要它，故稱爲設準。這樣就較輕鬆，說好一點是謙虛。但康德說這些時間、空間與範疇都是先驗的形式條件，在這裡就有差別了。

羅素承認是設準，但進一步追問這些設準是從何處來？上帝，對象本身都不能提供這些，設準是邏輯思考本身所需要的，而邏輯思考發自知性，故設準從何處發，最後落到何處，假定眞正要解答此兩個問題，康德的論辯是一定的，你不能逃避。你的逃避是不接觸到或不願意接觸到這個問題。根本不願意接觸到是一種情感，而非科學思考中的嚴格態度。這些設準既然是我們成功經驗知識的邏輯程序 (logical procedure) 所必需的，而邏輯思考是發自于知性，因知性之唯一作用就是思考，故康德說範疇發自于知性，這樣羅素的那些設準豈不也發自知性，而與康德的範疇一樣嗎？但假如你要問爲何要如康德那樣說得那麼重呢？爲何非如此說不可呢？

假如羅素說，我就是不願意這麼說，儘管你的說法我無法反對，因爲我一向就不如此說，那此不願意是情感的，沒有什麼道理，故在這個地方我看不出有什麼衝突。羅素的思想在知識的範圍之內，在現象的範圍之內，都是來自康德。既然來自康德，所以都可收到他的經驗的實在論裡考慮。

最後一步，邏輯實證論的論點也大都來自康德，故我可以說在某意義上康德是一個最大的邏輯實證論者，故他們其實不用反對康德，因爲他們的論點康德早已說好了，那麼爲什麼反對他呢？其實不是反對他，而是康德哲學中的後一半，邏輯實證論者不講，即在科學知識範圍內他們取用康德的某些論點，在科學知識範圍之外他們就不講了。如無意義(meaningless)、情感的語言(emotional language)與概念的詩歌(conceptual poem)等，這些就是放棄了康德哲學的後一半，故邏輯實證論在科學知識範圍之外，就只有這幾句話。他們評定一句話有無意義，就只是以認知爲標準，有意義就是認知上有意義或知識上有意義。把意義限定在知識上，而沒有意義是沒有認知的意義。但問題是在：意義是不是只可限定于認知的意義？沒有認知的意義是不是就是沒有意義？這樣那些形而上學是沒有認知的意義，但這樣是否就是完全沒有意義，而沒有意義那些話是不是就是概念的詩歌，情感的語言，在這裡邏輯實證論就說得太簡單。在知識範圍以內康德與邏輯實在論是一樣的（儘管有許多不同，如關于感性、知性、時空、範疇、先驗綜和就不同），可是在知識範圍以外，他就與他們不同，這些沒有認知意義的，康德也承認，但他不說沒有意義，他也不以爲是概念的詩歌。

所以邏輯實證論者對這一方面不接觸可以，知之爲知之，不知爲不知，這才是嚴格的科學態度，合邏輯的態度。但這些宣傳科學、邏輯的人，常常不科學，不邏輯，在這個地方就鬧情緒。但康德對這方面就不像他們鬧情緒。他能冷靜地正視之。知識就是知識，道德就是道德，各有不同的意義與領域，不能以情緒的語言，概念的詩歌而把其抹殺。就是詩詞方面的純文學，也不是由情緒就能產生詩詞。知識科學在生活中固重要，但道德、宗教、文學也一樣重要。我們的生活是整個的，不只是科學一方面而已。

說到此即能明白康德的經驗實在論如何能收攝英美式的實在論的思想，這些英美的各種實在論大體都不能逃出康德的經驗實在論的範圍。

胡塞爾之現象學 (phenomenology) 也是一樣，他的純粹意識 (pure consciousness) 不能超過康德所說的超越的統覺 (Transcendental apperception)。胡塞爾之純粹意識底智思與智思之所對 (Noetic-noema of pure consciousness)，其實就是超越的統覺之轉形，轉形而以現象學之方式講，康德是以認識論的方式講，以認識論的方式講，則其體性與作用一起明朗，但胡塞爾的「noetic-noema」之結構，則不能使人明白有何作用。如認爲由他的純粹意識之「noetic-noema」之結構，便可讓對象自身呈現，不受範疇之操縱把持，這樣便可使對象解放，不落于康德之主觀主義，而範疇那些東西也可以不要，如認爲是如此云云，這便完全不對題，而且更壞——更使你那個純粹意識成爲無規定的，你講這個純粹意識在講什麼呢？有什麼作用呢？如果你說在成準確的知識，什麼知識呢？你說一切科學底公共基礎之知識。那麼包括不包括康德所謂智思物 (Noumena) 之知識，所謂超絕形上學 (Transcendent metaphysics) 之知識？依現象學原初之規定，當然不包括。那麼它仍然只限在知識範圍之內。既然如此，那麼你那個純粹意識之「noetic-noema」之結構能脫離超越的統覺之範圍嗎？你眞能使對象解放，不受範疇底約束嗎？你以爲不提範疇就可以避免嗎？一個東西之有無訴諸事實，訴諸所劃定的範圍中之事實，不在你覺到不覺到或講不講。如是你那一套眞能脫離康德的「經驗實在論」的範圍嗎？說穿了，仍然是不能的，只是令人迷糊的纖巧而已。

胡塞爾所言之「noetic-noema」，乃至康德之 Transcendental apperception, Transcendental ego，都是屬于知識層，此知識層的既與道德宗教層的不同，也與藝術層不同，這些分際不能混亂。故了解知識要當知識來了解，了解藝術要當藝術來了解，了解道德宗教要當道德宗教來了解，各有其意義。

以上所說就是「來布尼茲·羅素」系統在哲學方面的牽連之被收攝于康德的經驗實在論，進而兼及胡塞爾之現象學亦不能外此。至于來布尼茲向上提的一面，則通過康德的批判的處理 (critical treatment)，被轉到智思界 (noumena) 之領域。若擴大而言，西方哲學由希臘開始，柏拉圖至聖多瑪這一個古典的大傳統，康德也把它保留，把柏拉圖的 Idea 也收攝到 noumena。柏拉圖講 Idea 範圍很廣泛，知識對象、道德、宗教都收在 Idea 範圍內。至亞里士多德就把他的 Idea 講成 essence， concept，這樣道德，宗教的理想那方面都喪失了。故由柏拉圖經亞里士多德至聖多瑪這一個大傳統，經康德的批判的處理把其轉成 noumena 與 phenoumena，把柏拉圖的 Idea 只限于實踐理性超越層的 noumena，而知識範圍則歸屬於知解理性之經驗層的 phenomena，故康德以前的哲學向康德處集中，而康德以後的哲學則由康德開出。對以往的，主要是康德扭轉了柏拉圖傳統，康德把柏拉圖哲學全部歸于 noumena，而把 Idea 只限于道德的理想與圓滿。知識方面不能放在 Idea，則歸于 concept。而扭轉主要是通過實踐理性，道德意志的自律，來扭轉柏拉圖傳統的他律。因他律不能說明道德。由柏拉圖起這個傳統說道德都是他律道德。講自律道德，由康德才開始。這一扭轉是經過批判的處理，把這個大傳統繼承下來，並開出以後的哲學。

經驗實在論的範圍是 phenomena，在 phenomena 以外，康德開出了 noumena，這個領域是由實踐理性而開出的，故在此意義上我們要正視實踐理性，不能把其視爲概念的詩歌或無意義就了事。而康德正視這方面並不妨礙科學，並不侵犯或歪曲了科學的領域。

開出 phenomena 與 nomena 而分出兩個世界乃古今中外的哲學所共同的。由柏拉圖開始就分兩個世界，即感觸界 (Sensible world) 與智思界 (intelligible world)，分成這兩個世界是西方的大傳統，是古代傳下來的。此分別由康德經過批判的處理繼承下來而開出 phenomena 與 noumena。前者是指感觸物 (sensible entities)，乃感性所呈現給我們的，後者是智思物 (intelligible entities) 是純理性，純理智所思的東西，沒有感性直覺的支持。因我們所思者必有對象，但因純理智而無直覺，故其對象無實在性。

東方的思想也一樣，也把一切對象分成兩個世界。只有英美的思想只承認 phenomena，sensible world，而 intelligible world 是他們所不喜歡講的。英美哲學對這方面可以說沒有貢獻。在這一方面無貢獻就可以說在哲學方面無正面的貢獻，因其不能正式地接觸哲學問題，而只在經驗知識範圍內打轉，當然也不能說他們不是哲學，也不能說無作用，而是說他們沒有接觸到眞正的哲學問題。

眞正的哲學問題依「哲學」一詞之古義（原義）是「愛智慧」，康德解爲「實踐的智慧學」。何謂「智慧」？能導向「最高善」者才算是智慧。對于最高善有嚮往之衝動即名曰「愛智慧」；而愛智慧必在理性概念之指導下才可，因此愛智慧即函愛學問，此即中國往聖前賢所謂「教」。何謂教？凡足啟發人之理性，通過實踐之途徑以純淨化人之生命以達至最高之聖境者即謂之教。此顯然是有關于「智思物」(noumena)者；若以學名名之，則是屬于「超絕的形上學」者。

嚮往此領域是人類底自然傾向，是人類理性底自然本性。但光順這自然本性說還不夠，因爲以往的表現，理性常依其思辨的使用而鬧出種種自相衝突的問題。因此，我們對人類之純粹理性必須有一種衡量，即對于超絕的形上學作爲一學問看，有一種衡量——衡量其是否可能，如可能矣，又如何可能。康德在此費了很大的力氣。他整理出一條道路來。這門學問原屬于實踐的智慧學。因此，它應不是思辨理性（理性之思辨使用）所能承當者。他費了極大的釐清工夫，指出我們必須從理性之思辨使用轉到理性之實踐使用始能證成這門學問。這一個指示是對的。但自從康德學底思路擺出來以後，很少有能相應地了解他的。英美人一直不能了解他，對于他的對于知識與道德之說明俱不必能贊同，而且如上所已提及，對于超絕形而上學根本無興趣，因而不能有貢獻；而德國方面康德以後的哲學承之前進者，亦不必能是相應地承之而前進。如費希特、謝林、黑格爾俱不眞能相應地承之而發展。至于那些不承之而前進者，如胡塞爾、海德格等更無論矣。因此，康德的道路又陷于混亂。

我們不能任其混亂而須想辦法使其上軌道。形而上學自古就是所謂思想家之戰場，各有其自己的講法，經康德才理出一條路來。但時經二百多年，他所開出的路又成了戰場。故在此須要用心重新正視這條路，這裡總有一個順適調暢的解答。

只有當 phenomena 與 nomena 兩個世界成立後，才能講中西哲學之會通，然後進一步看其分際與限度，而不能籠統地漫言會通與比較。會通究竟是在那個層次，那個分際上，這是要確定地指出來的；並且亦要指出會通是會通到什麼程度。

因爲中國哲學既無康德式的知識論，也無羅素式的知識論，但我們不能說中國無知識這個觀念。對經驗知識中國一般稱之爲聞見之知，儒家就分聞見之知與德性之知，但究竟是無西方式的知識論。不管如何說法，聞見之知是在「經驗實在論」的範圍，但中國哲學始終未能把它詳細地解析展示出來。故西方哲學所講的知識這一方面，即屬于 phenomena 方面的，中國的哲學顯然是不夠的。相對地，對于 noumena 方面，中國哲學傳統的全部精神都集中在這方面，所以對之很通透，由此我們可以看康德講 noumena 是如何講法？講到什麼程度？而中國人如何講德性之知，講到什麼程度？

道家講玄覽，講齊物，講「天地與我並生，萬物與我爲一」，這是超過知識層而屬于超越層的領域。依道家，知識是屬于成心，成心爲是非之源。道家就是要把成心化掉而超越之，故知識方面也是消極的，積極的是道心方面，也即超越的 noumena 方面。

佛教更是如此，佛教一方面言識，識就是在知識範圍之內，與識相反的是智。西方如康德所講的知性、統覺，都是屬于識，識是了別義，明了分別之活動，但識又是煩惱之源。與識相反的是智，智的活動是無分別，智所及的範圍是 noumena，識的範圍是 phenomena，所以也是兩分。

故會通在那個分際上會通？會通到什麼程度？中西哲學經過會通都要各自重新調整。在 noumena 方面，中國哲學很清楚而通透，康德則不通透，那就以我們通透的智慧把它照察出來，使康德哲學能再往前進。要想進一步就要重新調整自己，否則就不能百尺竿頭更進一步。

在知識方面，中國哲學傳統雖言聞見之知，但究竟没有開出科學，也没有正式的知識論，故中國對此方面是消極的。消極的就要看西方能給我們多少貢獻，使我們在這方面更充實，而積極地開出科學知識與對這方面的發展。這樣中西哲學的會通，才能使兩方更充實，更向前發展。

第六講　經驗的實在論開感觸界，超越的觀念論開智思界：中西哲學對此兩界之或輕或重，或消極或積極

上講講西方哲學講到康德的「經驗實在論」與「超越的觀念論」，繼之有 phenomena 與 noumena 之分別，在這個層次上，就可以與中國的哲學相會通。中西哲學會通之分際就是在康德的對于現象界的知識採取經驗實在論的態度，對于 noumena 方面的知識則採取超越觀念論的態度，在此分際之下，中國哲學與西方哲學就可以有商量的餘地。

但雙方對此兩界有比較消極與積極之不同。對于經驗現象界的知識而言，（現象界的知識就在「經驗實在論」的範圍內），中國的哲學傳統採取的態度是比較消極的，因中國無科學傳統，中國哲學對現象界的知識，沒有積極的正視，沒有形成一個正式的概念，沒有直接的說明，故在此方面是消極的，儒釋道三家大體皆然。

但對 noumena 方面，中國的傳統就與康德的態度大不相同，在這方面的態度就較積極。所謂中國方面較積極就是針對康德之「超越的觀念論」的立場而言，因爲康德以知識的立場

而謂我們人類對于 noumena 無積極而正面的知識，故對 noumena 所想的那些理念，如上帝的存在，靈魂不滅，意志自由等，由知識的立場，由思辨知識(speculative knowledge) 而言，康德認爲不能有知識，不能以思辨理性 (speculative reason) 來決定上帝存在，靈魂不滅，意志自由等，因爲這些理念是屬于 noumena 的領域而非 phenomena 的領域。Noumena 之意義依康德之解釋爲智思物 (intelligible entities)，爲純粹理智所思考的東西。上帝的存在等是純智所思的對象，我們對之無直覺，故無知識，因無直覺就無知識，故稱爲理念 (idea)。理念者理性上的概念，由純粹理性而發的，由純知性 (pure understanding) 所發的純粹概念 (pure concepts) 是範疇。由純粹理性所發的概念，康德依柏拉圖傳統而稱之爲 idea，即理性底概念（理念），在柏拉圖處則譯爲理型。理念是理性上的概念，凡是概念應有對象與之相合，但就理念而言，我們對其對象無直覺，故無法知其對象存在與否，由此立場而言，康德稱此曰「超越的理念性或觀念性」，因而又稱曰「超越的觀念論」，這些都是理性上所形成的東西，沒有實在性，只是些空觀念。上帝存在如此，靈魂不滅 (immortality of soul) 也是如此。由純粹思辨理性或知解理性而言，我們對這些不能有知識，因這些非這種理性所能達到，故爲消極的。甚至對于作爲道德底基礎的「意志自由」(freedom of will)，也不能證明，因對之無直覺，故由思辨理性而言，對之無知識，故由此而言超越的觀念論。但在 phenomena 方面，我們有明確而確定的知識，故西方哲學傳統在此方面是積極的。

「消極的」是指由思辨理性 (speculative reason)，知解理性 (theoretical reason) 而言。Theoretical 在康德與 practical 相對反，一般是譯爲理論的，但在中文，理論一詞函義很廣泛，如實踐方面的也可以由理論來講，故中文易引起誤會。而康德言 theoretical 爲知解的意思，原義就是站在客觀的、旁觀的立場來觀解對象。以前禪宗馬祖說神會和尚是知解宗徒，意指其有許多知識概念，還沒有眞正的實踐功夫，故知解與實踐相對，而且在禪宗馬祖說知解一詞對實踐而言也不是好的意思。但就知識而言，正是要思辨理性，知解理性。我們成功科學知識，現象界的知識，亦要用思辨理性，知解理性。而知識也用邏輯，數學等手續，這些也皆出自思辨理性，知解理性。這種理性在現象界方面有效，可是在 noumena 方面因其離開經驗界現象界，故無效。

那些理念由思辨理性，知解理性的立場而言是超越的觀念論，但並不是一往都是超越觀念論。康德另開一條路由實踐理性講，則上帝存在，靈魂不滅，意志自由等就有眞實性，由實踐理性可以使這些理念有實在性，但不是由思辨理性，知解理性而言。康德由實踐理性可以證明上帝存在，上帝存在有意義，但此證明是實踐理性上的證明，非思辨理性上的證明，其他靈魂不滅，意志自由皆是如此。我們對這些皆無直覺，無直覺的地方理性就是空的，故理念爲空觀念，並不能表示知識。

實踐理性是就某些概念如最高善（因這是我們意志的必然要求）可以肯定上帝的存在，但此肯定並非知識的肯定，還是實踐理性上的肯定。對思辨理性而言，此概念是無多大用處的，但在實踐理性，在道德上，就有意義。

康德由于另開一路而證實此三理念，而使這三個理念有意義，雖然這樣說也不是知識，因吾人對之無直覺故。我們在經驗實在論的範圍內對經驗對象（現象世界）所以能是積極的，正面的，是因吾人對之有感性之直覺 (sensible intuition) 之故。因有由感性 (sensibility) 而發出的直覺，故經驗對象，現象世界可以通過我們的感性而直接地被接觸到。可是我們的感性直覺就不能應用到上帝，靈魂不滅，意志自由，這些皆非我們的感性所能接觸到的。而我們人類依康德也無任何其他的直覺可以達到上帝之存在，靈魂之不滅以及意志之自由，所以我們對之就無知識，故這些都不能當一個知識概念來看。

但與感性直覺不同的另一種直覺稱智的直覺 (intellectural intuition)，此種直覺是很難思議的，因爲一說直覺就要通過我們的感性，但這種直覺又不是通過感性，這是一種純理智的直覺，是一種純智的活動。依康德我們人類沒有這一種直覺。這是一個很嚴重而很重要的問題。依西方的傳統，基督教的傳統下，人類是有限的存在，是上帝所創造的被造物，只有上帝才是無限的存在，其他一切都是有限的存在，而有限的就是有限，無限的就是無限，人類是絕對的有限存在故不能有智的直覺，有限存在的直覺是發自感性的。故依康德在基督教傳統下，智的直覺只有上帝才有。智的直覺是無限心之作用，上帝是人格化了的無限存有，故其心是無限心 (infinite mind)。但人類的心靈是有限的 (finite mind)，有限的心靈它的思考的方式一定要通過一些手續，如果沒有概念就無法表達。智的直覺由無限心而發，無限心所發的直覺不是通過感性，故這種直覺也是無限的。如我們的感性，由耳、目、鼻、舌、身而發的感識當然是不能無限的。

依康德在基督教的傳統下，智的直覺只屬于神智的無限心 (divine mind)，而人是決定的有限物。康德的這個思想是合乎西方傳統的，故儘管在實踐理性上可使上帝之存在，靈魂之不滅，意志之自由有意義，有眞實性，但不是知識。知解理性想知之，但實不能知之；故此三個理念只是空觀念，由知識上言無多大的意義，故後來的邏輯實證論者就說無意義。康德也認爲在知解理性上是無意義，但在實踐理性與道德上就不是無意義，在這個地方康德的態度就與邏輯實證論者不同。雖然後者的說法大體來自康德，他們所用的詞語都是康德在思辨理性，知解理性之空觀念上所說的，故我常說在某意義上康德是一個最大的邏輯實證論者；雖然是如此，然而康德在實踐理性上所說的，在邏輯實證論者的主張中卻沒有了，他們把這一方面盡丟棄了。可是實踐理性、道德方面的事，總不能以無意義就把它了決。這必須要弄明白，這不是願講不願講，喜歡講不喜歡講的問題。

這些理念在實踐理性只能使其有意義，但沒有直覺就不能使之呈現。上帝之存在，靈魂之不滅，意志之自由都不能直覺地呈現在我的眼前，故康德說是實踐理性底三個設準(postulates)，意即由實踐理性言非有此三個假定不可，否則實踐理性的全體大用不能完成。

因爲康德主張我們人類沒有智的直覺，所以在實踐理性之接近 noumena 這方面，康德的態度仍然是消極的。這個消極是與東方的思想比較而說的，其實實踐理性較思辨理性是進一步了，在思辨理性處完全是消極的，完全是空觀念，超越的觀念論，而轉到實踐理性就較積極一點，已經不是空觀念。即使是這樣，可是若與東方思想相比較，則在實踐理性上，因人類沒有智的直覺，故三個理念仍然只是設準，其對象不是可以朗然呈現的，有直覺才可使其朗現，無直覺則不能朗現。

由這消極的態度轉看中國哲學，中國哲學從來就無上帝存在，靈魂不滅等問題。中國哲學雖然沒有這些觀念，但中國哲學所用心的，其層次都屬于 noumena，所以可以相通。中國人不一定用這些概念，因上帝之存在，靈魂之不滅都是宗教上的觀念，如靈魂 (individual soul) 的觀念，中國儒釋道三家均無。佛教言輪迴，八識流轉，這些與靈魂不滅完全不同。儒家講三不朽也不是靈魂不滅。儒家不必要這個觀念，道家也同樣沒有。至于意志自由則從本心性體上講。

由此可以轉看在 noumena 這方面，東方的思想是不是超越的觀念論？假如由知識的立場暫時也可以承認是超越的觀念論，因感性的直覺不能向之應用。但轉到實踐理性方面，是不是像康德那樣的說法呢？歸到實踐理性上，東方的思想是否仍然認爲意志自由是個設準？是否有康德所謂的智的直覺？智的直覺是否能應用得上？在基督教傳統下當然認爲人沒有智的直覺，因人是決定的有限存在，人心是有限的，而智的直覺是無限心，這種看法中國人是否一定會接受？這個就要看中國的傳統。

幾千年來的中國傳統，不管儒釋道都是講實踐的，儒家講道德實踐，道家講修道的工夫，佛教講解脫煩惱而要修行，所以都是實踐的，而接觸 noumena 非由實踐不可，由思辨理性只對知識所及的範圍有效，故康德轉向實踐理性是正確的，轉到實踐理性就須接觸到實踐理性所呈現的本心、良知（儒家），道心（道家），如來藏心、般若智心（佛教），這些都是心，依康德的詞語，這些都是由實踐理性所呈現的道德心，道心，如來藏心，般若智心，那麼這些詞語所表示的心是有限心抑是無限心？

陸象山說：「吾心即是宇宙，宇宙即是吾心」，「心外無物」，此心究竟是有限抑或無限？此心是根據孟子講的，孟子言本心，「萬物皆備於我，反身而誠，樂莫大焉？」這個心是有限抑或無限？盡心知性知天是由孟子開端的，而孟子講心就是繼承孔子講仁，而孔子之仁的全體大用 (full function) 是無限還是有限？仁不只是一個德目，只是以德目看的仁，不是仁的本質的全體大用。故孟子講心是根據孔子講仁，但還是不顯，到陸象山就充分顯出來，「萬物森然方寸之中，滿心而發，充塞宇宙無非斯理」，這個心是有限抑或無限？而道家的道心是有限抑或無限？這是很容易了解的。依佛教，識的毛病多得很，是虛妄分別，煩惱之源，故非轉化不可，轉識而成智，此智爲般若智，此是有限抑或無限？這是很顯明的。故依中國的傳統講，應當承認實踐理性所呈現的心。這種通過實踐理性的心，如陸象山所說的心，王陽明所說的良知，而良知依王陽明是「無聲無臭獨知時，此是乾坤萬有基」，「心外無物」，此道德實踐的本心或良知是無限的。而道家的道心，依莊子之齊物論、逍遥遊所講的道心當然也是無限的。假若我們說没有無限心，這表示說轉識成智不可能，成佛不可能，這决非佛教所能承認。因爲現實上就有佛，三世諸佛，過去、現在、未來都有佛，人人皆可爲堯舜，人人皆可有佛性，皆可成佛。道德實踐底目標是成聖，道德實踐底可能性之超越根據是良知本心，因有此超越的根據，故成聖才可能。依儒家，只當道德實踐有必然性時，成聖才一定有必然性。佛家修行成佛亦然，道家成眞人亦然。故三家所說的心都是無限心。心是無限心時，則中國儒釋道三教當然都承認有康德所說的智的直覺。中國哲學中自無這個名詞。儘管没有這個名詞，然而並非無與這名詞同等的理境。設若康德向陸王或智者大師問：「人有没有智的直覺？」他們一定斷然地答覆「有」。

否則轉識成智就不可能。但「轉識成智」以西方人看來是不可思議的，「識」怎麼能轉呢？在佛教一提到識就與智相對反，所以是壞的意思。而一般使用識的意思是了別，明了分別。在經驗實在論範圍內的科學知識，都是識的活動，但我們講科學的時候是不加顏色的，不說識心是煩惱之源等。但在佛教看來，知識都是屬于識心底範圍，康德的感性、知性、思辨理性都是識而不是智，康德也認爲人類心靈的活動不是智的直覺。智的直覺依佛教應是智，也即王陽明所謂的由良知而發的明覺，而道心發的玄智也是智的直覺。

識本來就是生而具有的，而我們生而爲人，我們就有這麼一個感性 (sensibility)，這是既成的事實不能不承認，就有這樣的邏輯思考的理性 (loical reason)，就有這樣的知性 (understanding)，這個怎麼能轉呢？而佛教說是能轉，轉識成智，轉成般若智，西方人聽起來簡直不可思議，西方世界没有這個觀念。「轉識成智」在東方人成爲口頭禪，但不知此話代表的意義多重大？東方人是家常便飯，天天在講，西方人則聞所未聞，認爲是妄想，這不是很重要的問題嗎？在西方人看來，轉識成智不可能，不能轉，是一定的，因人類就只有這種感性、知性與思辨理性，再没有其他認知能力 (cognitive faculty)，從現實既成的人是找不出「智的直覺」的。他們認爲有限歸有限，無限歸無限。

佛教說衆生，但卻不承認定性衆生，此是很奇特而開闊的思想。所謂定性衆生，意即一切衆生一成永定，這樣一切衆生皆可成佛就不可能了，故定性衆生佛教儒家皆不承認。現實上的人不是聖人，聖人是經由實踐才達到的，而孟子言人人皆可以爲堯舜，則一定有人人皆可以成堯舜的必然的可能根據，而不是憑空講的。從現實上看，人都不是聖人，壞得很，有時比動物還壞，故荀子感慨現實的人「甚不美，甚不美」。人往下墮落比禽獸還壞，但往上可以通神聖，故在此成一個最重要的問題。中國人的傳統承認人有智的直覺，人之所以能發出智的直覺是通過道德的實踐，修行的解脫，而使本有的無限心呈現。中國人承認有無限心，但不把無限心人格化而爲上帝。每一個人的生命都有無限心，而通過道德的實踐以及佛教道家的修行而使它呈現。這個思路很自然，但西方的傳統就以爲很彆扭，不容易往這個方向想。

因此東方的思想在 noumena 方面是積極的，轉到實踐理性講也不只是一些理念，實踐理性也不只使這些理念有意義。因爲轉到實踐理性上就能呈現無限心，無限心既能呈現，就不是超越的觀念論，故這樣才是積極的。

故西方哲學由古代至現在由思辨理性講，在知識方面可以歸于經驗的實在論，在超知識方面則歸于超越的觀念論，因此有 phenomena 與 noumena 之分別。這種分別東方思想也可以承認，可以證成 (justify)，在此問題上中西哲學可以會通。但在 phenomena 方面，中國是消極的，因對知識未形成清楚的概念。但在 noumena 方面，中國是積極而通透的。故于西方思想，吾人若想消化康德，不使其只停在基督教的傳統之下表現，則可看中國的思想，因在這方面中國的思想透闢而圓熟。康德則尚不成熟不通透，但在西方傳統下，他所講的已經是最好的了，最妥當的，不易看出他的毛病。

中國的傳統對 noumena 持積極的態度，因其幾千年來的智慧工夫都用在此，故當然有成就。但假使智的直覺不可能，康德就可指責中國人所講的都是妄想。故在這個地方，我們就要徹底仔細用功，問問自己是不是妄想呢？

但到清末民初，中國人卻發現我們自己没有像樣的數學、邏輯與科學，這是最現實的了，這一落後使我們徹底否定自己。當然我們也承認現實上有些問題不能解決而呈現許多毛病，但毛病是某方面的，並不能牽連到以往傳統所用心的也都是毛病，我們只能補充，充實它，而不能否定它。現在由民國以來就是因爲科學知識方面我們開不出來，終于瞧不起自己，來一個徹底的否定。這種態度是很不健康的。

第七講　一心開二門：中國哲學對于智思界是積極的，對于感觸界是消極的（就成立知識言）；西方哲學則反是

佛教大乘起信論言一心開二門，其實中西哲學都是一心開二門，此爲共同的哲學架構(philosophical frame)。依佛教本身的講法，所謂二門，一是眞如門，一是生滅門。眞如門就相當于康德所說的智思界 (noumena)，生滅門就相當于其所說的感觸界 (phenomena)。中西哲學雖都開二門，但二門孰輕孰重，是否充分開出來，就有所不同。若對一門較著重，意識得很清楚，了解得很通透而能把它充分展示出來，則爲積極的。相對地，若對一門比較不著力，用心不很深，了解得不通透，而未能充分把它展示出來的，則是消極的。

對于 phenomena 方面，中國傳統的態度是消極的，而對于 noumena 方面是積極的。而西方在 noumena 方面了解得不通透，意識不十分清楚，故爲消極的，但在 phenomena 之知識（經驗科學）方面則爲積極的。

中國對于生滅門的現象，就經驗知識方面言，意識不夠，故較消極。如佛教對生滅門也

非常充分，就某方面而言也很足夠，故對生滅門這方面意識得很清楚而且能正視。但東方無科學傳統，科學知識沒有充分開出來，所以一般古聖先賢在這方面不十分用心，其用心都在 noumena 方面。佛教對生滅門也很積極，但它不是對知識講，因爲一說生滅，其範圍也很廣泛。知識方面也屬生滅門，因經驗對象變化無常，也是有生有滅，凡在因果關係下的自然現象都是有生有滅的。但是佛教所謂的生滅，不限于就經驗對象講經驗知識，而且重點也不在經驗知識，而是在生死，直接著重在此，故佛教要了生了死，解脫生死問題，生死就是生滅。就人生講，生滅是生死，對知識對象雖不能言生死，也可言生滅變化，一個對象時時刻刻在變，故其言生滅是很廣泛的。但若不把生滅只限于知識對象言，而把全部人生都包括在內，則我們就可以廣義地說人在生死中轉，依佛教而言，就是在生死海中頭出頭沒，生死就是一個大海，陷落于此而不能解脫，這就是人生的痛苦，與可悲，故佛教言生滅不在言知識對象，不在說明經驗知識，而在說明人生的煩惱，人生的痛苦。人生是整個看的 (human life as a whole)，人生中也有知識，不過只是整個人生中的一部分，此與現代人不同。現代人是以知識籠罩全體，而且對于知識自以爲有清楚的概念，其實自己本身也無清楚的概念，只是迷信科學，訴諸權威信仰，因科學無人懷疑，事實上科學一般人是外行，並不清楚，但卻相信科學有效可靠。

古人先對整個人生全體，對德行、對未達到德行時人生的痛苦與煩惱，有清楚的觀念，因這是自己的事情，他能掌握得住而有清楚的觀念。現代人正相反，對德行無清楚的觀念。古人對人生整體、德行均有清楚的觀念，對知識則無。爲什麼呢？因知識不是完全屬于自己的事，知識對象是在我以外的，不是我自己能指揮能控制的，不是如孟子所云：「求之在我」就能達到的，故觀察與了解對象，其間要經過許多繁雜的手續、步驟與程序，古人在此方面當然較差，後來者居上。

現代人對知識有清楚的觀念，此不算壞，壞在以知識代表全體。生滅門不只是限于知識對象，我們生活中的喜怒哀樂，心理現象也是屬于生滅門，故生滅門有廣泛的籠罩性，知識只是其中的一部分。故就此意義言，一心開二門，東方人重視煩惱的問題，德行的問題，這些問題籠統地大體而言是屬于人生哲學。若由重視煩惱來看，這是以泛心理學的背景來說生滅。康德講 phenomena 重視經驗知識，那是知識論的立場，是重知識，不是就人生哲學講。而東方講生滅門是就人生哲學而言。佛教以煩惱爲主，煩惱是心理學的觀念，故佛教是以泛心理學的觀點爲其普遍的底子，普遍的背景，此是籠罩性的。

儒家則以德性爲首出。儒家也知道生滅門，現實上的人生有生有死，有種種痛苦煩惱。而就道德意識而言，人生有許多行爲是發自私欲，王陽明所謂的從軀殼起念，此也是屬于生滅門，但不是心理學的，也不是知識論的，而是道德的，是道德實踐的。道家也是一樣，也有生滅門這一面，但也不是就知識講，也就人生而言。故開二門，而生滅門這一面，就人生問題而言，東方也是積極的，說消極是就知識而言。因爲現代人較重視知識方面，這方面也較突出，又因爲知識問題是西方哲學中重要之一面，是故說東方人對此方面較消極，意識得不太清楚。對佛教，對知識問題也不是完全無意識，但意識得不很夠，而不著重在此，著重的是我們的煩惱。唯識宗所講的八識流轉，都是屬于生滅門，對于這方面它也是很正視，展現得更清楚。西方人在這方面都不行，他們在知識方面雖是積極的，但在展現人生哲學方面，在人生意義下的 phenomena 就不行。儘管有佛洛依得 (S.Freud) 之心理分析，但與佛教比較起來是微不足道的，比較有份量的是現在的存在主義，如海德格以契爾克伽 (S.A.Kierkegaard) 所描寫的人生爲其存在哲學之進路 (approach)，不安、痛苦與虛無是屬于人生意義下的生滅門。海德格講存在哲學並不是在講知識，而是人生哲學，他這一套也是人生哲學的生滅門，不似康德那樣講 phenomena 專就知識而言，對人生哲學無多大關係。那麼康德的人生哲學放在那裡？他把人生哲學轉到實踐理性，轉到 noumena 那方面來說，但那是正面地說。佛教說生滅門是由負面說，海德格說生滅門也一樣由負面說，因爲存在主義總是強調我們現實人生的虛無、不安、與痛苦等這些負面的。康德言人生問題不就現象方面說，他不描寫這一套，他抓住要點與關鍵，由正面立言，故轉向實踐理性，先說實踐方面的，以 noumena 爲本，則 phenomena 自可被牽連到，他是以這個方式來講。我們必須先對一心開二門之輕重，消極與積極之意義有了解。就知識方面講，東方人不管儒釋道都是比較消極的，儘管在講人生方面的生滅門是積極的，但知識方面是消極的，因其意識得不夠，著力也不是完全在這個地方，這是綱領，先指出其消極性。

進一步就要深入中國哲學的內部問題，若不知其內部的問題，而只籠統地講積極、消極，這是沒多大意義的。就是了解西方在 phenomena 方面積極，在 noumena 方面消極，也要澈底深入西方哲學的內部問題，了解那些問題是如何被思考。只泛講 phenomena，noumena，這是無用的，故必須知道其內部的問題。

首先就東方對知識的看法爲何落在消極上，意識得不夠？雖然不夠也不是完全沒有，我們就看儒、釋、道各家對知識持什麼看法。

東方傳統主流的儒家，雖然未曾發展出近代化的科學，但若只籠統地說中國沒有科學，這也是違反常識的，所以首先英國人約瑟夫就寫一部中國科學發展史，他以一個外國人就可以替我們爭，抗議說中國沒有科學是不對的。我們現在說中國沒有科學是指學之成學意義的學而言。中國有科學傳統，但沒有達到學之成學意義的科學。其實中國實用方面的知識也多得很，實用的數學、幾何學、三角學都有一點，但均未達到純粹數學、幾何學與三角學之學的程度，故那種實用的數學演算起來非常麻煩。我們目前使用阿拉伯數字，以前沒有這些，演算起來就非常不方便，當然也可以算出來，可以算幾何、測量土地，就如西方的實用幾何，不發生于希臘而發生于埃及，埃及在尼羅河兩邊測量土地，所以首先有幾何學的知識，但我們也不說西方的眞正幾何學發生于埃及，而是發生于希臘，因講法不一樣。到希臘的歐幾里得，幾何才有眞正純粹形式的幾何，這是一個眞正了不起的改革，康德稱之爲知識的革命，此革命比發現好望角對航行還要重要，這是了解西方科學史就知道的。這種意義的幾何學，中國就沒有開出來，這種意義的純粹數學、物理學也都沒有開出來，近代意義的由牛頓所開的物理學也沒有開出來。儘管中國人說化學是由中國先發明的，但也是實用的。故中國傳統歷來並不是抹殺或忽視知識的，但知識之所以成爲一個知識，學之所以成爲一個學，這種意義的科學，如純粹的數學、幾何學與物理學等，卻都沒有發展出來，故無理論科學(theoretical science)，而只有實用科學。

中國實用科學之傳統，屬于羲和之官或天官，稱之爲羲和傳統。天官後來亦稱史官，專門知識的科學都藏于此。首先出現的是天文、律、曆、數，這就是中國的純粹科學，也可以說代表理論性的科學。中國的天文學也出現得很早，世界上每一個民族都首先有天文學。仰觀天文爲的是要造曆法，一年四季非得有安排不可。把這一套羲和傳統整理出來是很有意義的，一方面自己要具備高度的科學知識，另一方面對中國這方面古典的知識也要熟悉，而以現在的方式表達出來。律是音樂，樂律、音樂與數學有密切的關係，故天文、律、曆、數這四種是一組。這就是中國的科學傳統，而且是屬于理論性科學的。

另外一組實用性的知識就是醫卜星相，加上煉丹，這是中國的實用性的經驗科學傳統，所謂不十分高明的科學。醫卜星相成爲一組，我且只就中醫說。中醫不是科學，但說中醫沒有用是很難講的，而且不從現實方面而由中醫的本質來講，從其原則上的本質講，這種知識是高過西醫，西醫是屬于科學的，科學是屬于量的，化質爲量，而中醫是質的 (qualitative)，故在境界上講當該是高明，故中醫是神醫，靠直覺，看準了就很準。科學就不能靠直覺，西醫是道地的科學，化質爲量，完全抽象化，完全抽象化就不能完全了解病症，故西醫有許多毛病，可是我們還承認它是科學而有效，爲什麼呢？因人總是有軀體 (physical body) 這一面的，因而也就是說總有量這一方面，故由西醫的立場就專門來控制這個身體，因其有量 (quantity)，就要量化，不量化怎麼能控制呢？但中醫看病不是量的觀點，是質的，但現實上不一定準，若是神醫，那就一定看得很準，但那有那麼多的神醫呢？大都是庸醫。中醫的本質是神醫，要有聰明就能看得準而有效。故實用科學要寄託在醫卜星相，陰陽五行。陰陽家這一套是依附于醫卜星相而行，而成爲中國的實用知識，也可說是不高明的科學。此與天文、律、曆、數稍微不同，故分爲兩組。故若有興趣而下工夫研究整理出來是有價值的，中國的科學傳統是如此。

儒家在此傳統下，孔門之徒，理學家們都不是念天文、律、曆、數，他們也不重視醫卜星相。他們是以立教爲其立場，以孔子爲大宗師，是弘揚道德意識，道德意識的態度是與知識相反的。但儒家在此也不輕視知識，因儒家內聖與外王合而爲一，正德、利用、厚生三事俱備。正德是道德，利用厚生不能離開知識，故儒家向來並不輕忽知識，儘管其本人不從事于知識本身的研究，他們也不是科學家，但是在智慧上見識上不輕視知識。此籠統地表現在：子曰「學而時習之不亦樂乎！」表示重學，知識就是靠學，儘管孔子講的學不一定是專限于科學知識，是廣義的學。廣義的學，科學的知識是當該學的，孔子本身所知道的東西就很多，故云：「吾少也賤多能敝事，君子多乎哉，不多也。」故當時視他爲聖人無所不知，以博學而知名，可見他並不輕視知識。但君子立教，在道德意識上講，雖然知道得很多，並沒多大的價值，故君子不以此爲多也。多是價值判斷，是以爲貴的意思。並不是孔子自謙而說不多，這個不多不是量的觀念，這是價值判斷，不多即不以此爲多，即不以此爲珍貴，以此爲尚，因其重點在立教。這是先秦儒家的發展，後來經孔孟發展到中庸易傳到宋明的理學家，對知識的問題就以兩個名詞即「見聞之知」與「德性之知」來分開。由學所得的都是見聞之知。我們所謂經驗知識，理學家就把它放在見聞之知那方面。但理學家以德性之知爲高，而德性之知如何了解？這是很難了解的。什麼是德性，現代人不懂。但德性之知也不是意指對德性的知識，對德性下定義。德性之知有好多講法，境界甚高。這個觀念要了解起來是很麻煩的。依張橫渠、程朱、陸王各家之看法都有不同，故要接觸中國以前的哲學內部的問題，就要接觸到這裡才有意義，否則那些只是空名詞。

中國儒家重視德性之知。見聞之知當然也很重要。儒家要過現實生活並不離世，內聖外王是要過現實生活的，那能離開見聞之知呢？但究竟對于見聞之知的本性，如何構成，如何完成，他們均對之無積極的說明。他們視之爲事實而沒有說明。一切科學都離不開經驗，經驗的開始就是見聞，就是西方所謂的感性 (sensibility)。不管經驗主義，理性主義，或康德的講法，經驗科學總要開始于感性，如感覺，知覺都發之于感性，這些就是見聞。西方哲學講科學知識開始于經驗，他們重視經驗見聞，但他們就能把見聞之知，經驗知識，如何構造，如何成立，如何發展完成，內部很長的專門程序都給解說出來，因爲他們有科學作根據。我們的實用知識，醫卜星相，再加上天文、律、曆、數，那種完全停在實用狀態的科學是不行的，它不能告訴我們依照什麼程序來完成，如純粹數學，幾何學如何出現？如何完成？爲什麼希臘能出現？中國爲什麼始終不能出現？始終不能發展出來？此乃由于中國對于知識不能正視，只以見聞之知來說明還是不夠的，此之所以爲消極的意義。就 phenomena 之在知識的範圍言，儒家所表示的態度是消極的，而在人生方面就不是消極的，因爲生滅門也可由人生講。

儒家重視德性之知，而德性之知是很難了解的，假定對之有眞正的了解，那麼德性之知的境界是什麼境界？所擔負的責任，作用是什麼？這樣其中的問題是什麼就能清楚了。這不是純粹的知識問題，德性之知嚴格講不是知識的問題。依西方講，以科學知識爲標準，見聞之知才是知識問題，德性之知不是知識問題。雖然也名之曰知，但知有兩種知，即見聞之知與德性之知。而兩種知在佛教維摩詰經中亦有提到，如云「不可以識識，不可以智知」，見聞之知即「以識識」，識共有八識，前五識即五官，第六識即意識，第七識末那，第八識阿賴耶識，識知就是屬于經驗的 (empirical)，屬于生滅門，屬于見聞。佛教一言識就認爲是煩惱之源，故在識知以上一定要承認智知，智知就不是知識。眞正西方人講的經驗科學正是識知。智知非一般所謂的智慧，乃佛教特指的般若智。但般若智之智知，僧肇有一篇文章曰般若無知論，無知而無不知，這樣的知有無知識的意義？當然是沒有的，無知即無不知，也不是像上帝那樣無所不知，無所不能，無知一下轉回來無不知，這是弔詭 (paradox)。這種知境界很高，這是什麼知呢？爲什麼要高談這種知？爲什麼識不好？這就要了解中國哲學以前的問題，否則都是空話。西方人就是不了解，故康德對 noumena 還是消極的，對之消極就是由于他不承認人有智知，也即康德只承認我們有識知而無智知。智知是屬于上帝，而上帝的智知也不是表現于人的科學知識的識知。我們人才需要科學，上帝不需要科學，人需要數學，上帝不需要數學，因上帝一眼就看穿了，他用不了以數學來算。邏輯這種推理之學也是人類所發明出來的，上帝的思考是直覺的 (Intuitive)，不是辨解的 (discursive)，因而也不需要有邏輯，故邏輯在上帝也沒有。故邏輯、數學、科學都對人而言。依佛教，在智知之層次上，也無邏輯、數學與科學，所以這種知的層次之境界是提高了，故必須了解這些詞語的意義。

儒家所謂德性之知就是智知，在這個層次上無知識的意義，但一定要承認人有這一種知，如王陽明言良知，良知之知即智知，良知之知不能成就科學是很清楚的。要了解見聞之知，我們現在可以西方科學作標準就可以了解。假如要了解德性之知，就要看中國的書。德性之知，佛教的智知都是很難了解的，因爲它在識以上。而成佛一定要轉識成智，若只停在識就不能成佛，阿羅漢也成不了，就是凡夫，永遠在生死海裡頭出頭沒，非得轉識成智才能解脫，才能成佛，成菩薩。

道家一般言之有反知的意思，瞧不起見聞之知範圍內的識知，瞧不起而且也不能正視。爲什麼瞧不起呢？就是因爲知道這裡的病痛，能覺察到識知，見聞之知這個範圍內的知的病痛，所以道家也急著往上超轉。在道家不說見聞之知，也不說識知，道家認爲這種知識是跟著成心而來，莊子有「成心」(habitual mind) 一詞，這是由成習而成的心靈狀態，由習慣，由經驗累積而成的這麼一個心靈狀態，這個狀態就形成人的偏見 (prejudice)，定見，爲判斷是非之標準。依莊子，這些皆來自成心。莊子齊物論有云：「夫隨其成心而師之，誰獨且無師乎？奚必知代而心自取者有之，愚者與有焉。未成乎心而有是非，是今日適越而昔至也！」故有成心就有是非。識知，科學知識就是要講是非，但道家就是要超脫這種是非，要超是非而對是非無正視，没有展示出來，故正面的說明也一樣不夠，即對之意識得不夠，但倒很清楚地意識到其毛病，所以也是消極的。負面意識得很清楚，但正面没有意識到，這樣仍然是消極的，究竟對知識還是消極的。故有成心就有標準，標準，以莊子看，都是主觀的，爲了現實生活的方便上才一定要有標準，這個標準就是座標，視你如何定而定，並非絕對的。如東西南北的方向，也依你座標如何而定。但必須有東西南北，否則現實生活就無法運行。故程明道說得好：「俗人只知東是東，西是西，智者知東不必爲東，西不必爲西」。這就表示東，西的方向不是一定不能變的，這境界就高一層了，但「聖人明于定分，須以東爲東，以西爲西」。儘管東不必東，西不必西，但必須有一個分際，否則現實生活無法過，會混亂，故聖人明于定分，是以「定分」的智慧來維持東之爲東，西之爲西。若沒有定分，隨便亂轉，不是天下大亂嗎？聖人也懂莊子所說的東不一定是東，但我不在這裡耍花樣出噱頭，不在這裡出精彩，這是難得糊塗，聖人就是難得糊塗而化民成俗。此不是境界更高嗎？此才是聖人。儒家對于知識就是這種態度。道家知道由成心就有是非，有是非就爲此瞎爭吵。依莊子看，這些都要打掉的，要化掉的，因爲這些都是主觀的標準。由此可知道家對知識的態度。道家既要超脫這個是非，故最後必須超脫成心，成心一超脫就是道心。成心與道心相反，道心是玄覽，觀照，坐忘，這都是莊子的詞語。

老子在道德經就把工夫分爲兩種：「爲學日益，爲道日損」。爲學就是經驗知識，「爲學日益」，若採取爲學的態度，就是天天增加知識，即日益。爲學，經驗知識就是如此。爲道正相反，爲道日損，將你所知道的雜博知識，觀念系統，每天減少一點，最後把它統統化掉，爲道日損，損之又損以至于無爲，無爲而爲不爲。由此可見這是兩個極端相反的方向。爲學日益，因其屬于見聞之知，要出門多看多聽，增廣見聞。「爲道日損」，則「其出彌遠其知彌少」，要想爲道，最好關起門來，往外走得越遠，知道得越少，走遍名山大川，世界五大洲，也是一無所知。道家對這方面也意識得很清楚，其重點一樣落在 noumena 方面，對此方面的態度也是積極的，但對經驗知識方面也一樣是消極的。

佛教在說明經驗知識方面，唯識宗的前五識以及第六識，儘管爲的是講煩惱，但均有知識機能的函義。故佛家與西方的知識論相合的材料 (date) 獨多，道家給我們的不多，儒家也不多，雖有羲和之官的傳統，有醫卜星相，天文、律、曆、數的傳統，但在成功知識的理論上，知識論的材料並不多。這方面佛教較多，而且非常有啟發性。這方面首先有前五識的耳、目、鼻、舌、身，就是五官感覺。五官感覺康德總稱之爲感性 (sensibility)，經驗知識就是由 sensation, perception 開始的，而這就是屬于前五識的。佛教言前五識，前是當前義，往後就是意識即第六識，這相當于康德的知性。再往後第七末那識，第八阿賴耶識，就不屬知識機能的範圍。第六識以及前五識都可視作知識機能，但只是這些還不夠，還太籠統。佛教與知識論最有關係的是「不相應行法」，在唯識論中有廿餘個，但這是隨便舉的，可以不只這些。這些不相應行法其中就有一些等于康德的時間、空間與十二範疇，也即康德所說的感性的形式條件以及知性的純粹概念，十二範疇。在康德是分開的，時間空間是屬于感性的形式條件，範疇是純粹概念，屬于知性。佛教就沒有這樣分開，講得籠統而混亂，不似西方講得那樣精確而有條理。混而爲一都稱爲不相應行法，包括了時間、空間、因果、數目等等，這些相當于康德的時間空間與十二範疇。康德視這些是成功知識的形式條件，離開這些形式條件，經驗知識不可能，那就是經驗不可能，現象也不可能。現象之所以爲現象，就是因爲要在時間空間裡，而以這些範疇來決定，若不經過這些範疇的決定，也不成爲客觀的現象。我們的知識就是知現象，知識就是經驗 (experience)，經驗就等于經驗知識 (empirical knowledge)，完成經驗要靠這些條件，這是很重要的。

什麼是「不相應行法」？行就是諸行無常，諸法無我的那個行，行就是變動相，展布相。現象在時間空間中變化展布名曰行，going on, going on，不斷繼續下去就是行。諸行無常即變化無常。此行非實踐意義的行爲，而是變化。「不相應行法」詞語淵源很深，說起來很難了解。依傳統的講法，「行」是以思來說明，思就是現實的思維活動，此思維活動是屬于無明的五蘊：色、受、想、行、識中之行蘊。色是物質現像(material phenomena)；受就是感受，有樂受與苦受；想就是想像作用(imagination)；行是思，有苦迫義，迫促推動使身不由己；識是心覺了別義。此後四蘊都是屬于心理現象。五蘊總起來就是色心諸法。把一切現象分爲五蘊，行蘊專屬于思，即以思說行蘊。思就是現實的思考活動。思考活動催促，促使一個人不由己，不由自主。思就是想出一個理由，迫使生命不由自主地拖下去，故思是心理學的思，而不是邏輯意義的思。既然一切都是諸行無常，都是行，而又把行分成五類，色類、受類、想類、識類，剩下的就用當初籠統的諸行無常的行說之。這樣也就是把籠統而廣義的行去掉四類後所剩下的，還用原來的行名之，于是合起來成爲五蘊，把其餘的四蘊排除後，剩下的還用舊名而名之曰行，而剩下的就是思，思就是屬于行。思中有許多法，就是思行，而這個思行的許多法，分成二類，一類爲相應的，一類爲不相應的。

什麼是相應的？相應者，原初只說「心所」，相應者心所與心和合爲一。「心所」是爲心所有，與心和合爲一。心所並不是心的對象，乃心所有的。心爲總說，爲心所有的那些心象(mental states)就是心所。總說就是心王，心王在時間裡所有的那些心象如喜、怒、哀、樂、想、受、思、識等都是心所，都是爲心所有，與心和合爲一，這些就是相應的心所，稱相應的行法。

還有不相應的，什麼是不相應的？是由思行所發的虛概念。思本身是心所，但這些虛概念不是心，因此，不稱之爲心所，因爲與心不相應故。這些虛概念雖爲思行所發，但很難與心建立同或異的關係。說它是同，也不是同，說它是異也不一定是異。心所與心王可以建立其同的關係。但有這麼一種法，由思行而發，發出後就有它獨立的特性，依此特性很難以說它是心，又很難以說它不是心，即與心建立不起同或異的關係。此即不相應，不能與心和合而爲一。如時間、空間、數目、因果等十二範疇那些形式條件，純粹概念等。時間空間依康德講乃是心之主觀建構，既然是心的主觀建構也可以說爲心所發，但是時間空間總不能說是心，也不能說是心所 (mental states)，時間空間是形式是虛的，而心所是實的。時間空間是由思、想像而發，思與想像都是心所，但由其所發出的時間與空間與心建立不起同或異的關係，此稱爲不相應行法。不相應者乃兩者不能和合而爲一，如粉打在牆上，與牆是不相應的，到時候破裂就脫落下來，不能和合而爲一，而皮色是相應的。故不相應的行法不能說爲心所，此法乃發于思行，但又不相應于思。相應于思的就是心所。因思考是我們心的活動。佛教只說不相應行法與心建立不起同或異的關係。其實我們可以擴大而言，與心與物兩者均建立不起同或異的關係。那些時空等不只與心建立不起同或異的關係，而且與物也建立不起同或異的關係。在心是「心所」，在物則爲「物所」。佛教無此名詞，但也一樣可以說。爲物所有就是物所，爲物所有與物和合而爲一，與物相應，即與物可以建立同或異之關係。如心所，思考是心所，喜、怒、哀、樂也是心所，這些 mental states 總起來說是一心，就是心王，分化地說就是心所，也即心理現象。物籠統地說是 matter, body 或 physical body, physical body 也有其特性，如形狀、量度、廣延等，此等特性與物和合而爲一，即是「物所」。

時間空間可以表象心物現象，但時間空間既不是心，也不是物，可是它又是主觀的。範疇是應用于現象上而決定之，没有範疇之決定，現象也不能成爲客觀的對象。它可向對象應用而決定之，但其本身不是物，不是 matter，故也不是物所，但它卻由思行而發，故與物建立不起同或異的關係。與心也一樣建立不起同或異的關係。物所如物之基本特性，就是物所，但時間、空間不是物之特性，乃是外加的，非物之所以爲物之本質，物之所以爲物之本質是物所，心之所以爲心之本質爲心所，具體的心理現象爲心所。依洛克，物性可分爲第一性 (primary qualities) 與第二性 (secondary qualities)，第一性爲形狀、量、體積、廣延等，第二性爲顏色、臭味等都是我們主觀的感覺。量是具體的量，而不是康德量範疇的量，範疇之量爲不相應行法，而此量則爲物所。

不相應行法與心建立不起同或異之關係，與物也建立不起同或異之關係。此在西方就是範疇，爲形成知識的形式概念。佛教知道有不相應行法，但没有把它在知識上的用處如康德說範疇那樣說得很透澈，但兩者的基本用處是一致的。如佛教視時間空間爲主觀的，這也與康德相同。因果、本體、質、量乃由我們的思所發出的執著，而爲不相應行法。我們執著這些範疇，才有生滅相，因果相等。如無這些執著，這便成緣起法之「不生亦不滅，不常亦不斷，不一亦不異，不來亦不去」。這些生、滅、常、斷、一、異、來、去的定相都没有了，這些不相應行法也沒有了，那些範疇也沒有了。

故中觀論言緣起法，不一不異不來不去不生不滅不常不斷，那是在般若智照之下，化掉了一切執著，化除那一切不相應行法，見實相後而說的。見了實相，那就是不來不去不生不滅的緣起，不常不斷不一不異的緣起。若有這些執著，有這些不相應行法，就成現象(phenomena)，作爲現象的緣起法就有生滅常斷一異來去。若無生滅常斷，一異來去，則無現象，無現象那有科學知識呢？這精神又與康德相合，只是康德不說這些爲執著，說是form, category，知性的先驗概念，說得那麼莊嚴，其實那一大套都是執著，執著就是主觀的，這不是與康德相合嗎？由此可以講知識，故佛教在這方面材料很夠，由不相應行法可把佛教之知識論說出來，以康德所做到的來補充它，充實它，使原來是消極的轉成積極的。

第八講　只康德的經驗的實在論與超越的觀念論所開的兩界可以與中國哲學會通：進一步講經驗的實在論如何使主觀的表象涉及對象而可以客觀化

西方哲學由希臘發展至康德，我們可以說柏拉圖的傳統以及英美的經驗主義與大陸的理性主義都可被收攝消化于康德而成爲「經驗的實在論」與「超越的觀念論」，以此爲中心點就函著 phenomena 與 noumena 之分別，而有此分別就可以與東方的思想相接頭。因依中國的哲學傳統，儒釋道三家也都有 phenomena 與 noumena 之分別，這一分別可藉大乘起信論一心開二門來表示，一個是生滅門，此相當于 phenomena，一個是眞如門，此相當于 noumena。

爲什麼只有由康德的經驗實在論與超越的觀念論所開出的 phenomena 與 noumena 之分別，才可以與中國的哲學相接頭，相會通？這個地方要仔細地想一想。因爲英美的經驗主義以及其一般的實在論的態度都不一定能函 phenomena 與 noumena 之分別，因而也不一定能一心開二門，而柏拉圖傳統雖有二門，然而因爲主體不立，故亦不能與中國哲學相接頭。是故只有康德的經驗實在論與超越的觀念論所開出的二門始能與中國哲學相接頭。

爲什麼康德的思想必然地函有二門之分別呢？此就要進一步說明康德的經驗實在論與超越的觀念論。康德是由時間、空間與現象三端開始說的。

依康德，時間空間是主觀的形式 (subjective form)，爲感性直覺之形式條件，故此形式不是客觀地擺在外界或附著于對象本身，其根源在我們的主體，故爲感性之主觀的形式 (subjective form of sensibility)，但此主觀的形式只當它應用到現象（感性所給我們的現象）時，它才有實在性，離開了感性的現象，它就無實在性，此名曰時間空間之經驗的實在性 (empirical reality)。假如脫離感性的現象，只從純粹知性或理性來了解時間空間，那時時間空間只是個空觀念，也即無實在性，因其離開感性，故曰超越的觀念性 (Transcendental ideality)。「超越的」，在此應是 Transcendent，是超絕或超離義，超離是超乎感性之上而離開感性，絕是隔絕，與感性隔絕。超越是雖然超乎感性，但不一定隔絕感性，可以返回來駕馭感性。如是，超越的（超絕的）觀念性意即時間空間若超離感性，而純由理性上空想其如何如何，則時間空間無實在性只是空觀念，此是就時間空間而言。

還有一端是現象，康德意謂的現象不是一般所言的自然界或天造地設的現象。康德一說現象是指著感性所呈現的，也即外物與感性主體發生關係，由我們感性所挑起來的。康德的說法是：現象是某種東西現于我們的眼前 (appears to us)，現到我這裡來，它就是現象

(appearance)，而我則喜歡如此說，即：現象是爲感性所挑起所縐起的，此可以「吹縐一池春水」來比喻。這樣一來，現象就不是天造地設的，沒有現成的現象擺在外面而可以離開感性主體而獨在；只有當一物與感性主體發生關係而爲感性所縐起而在時間空間之條件下它才是現象，因而它才有實在性。若思想現象而此現象是離開我們的感性主體，純從知性或理性來了解現象，則現象就無實在性，現象就成一無所有(nothing)，什麼也不是。在感性中現象才具有實在性，此就是現象之經驗實在性；而離開其與感性之關係而純由理性上來想現象，則現象就是空觀念，此爲現象之超越的觀念性。

康德就由時間、空間與現象三者講經驗的實在性與超越的觀念性，由經驗的實在性言經驗的實在論，由超越的觀念性言超越的觀念論。故超越的觀念論不是好的意思，意指空觀念而無實在性，故此非康德之正面主張，經驗的實在論才是他的正面而積極的主張，故時間、空間與現象三者離開感性就成空觀念而無實在性，所以是消極的意義，不是好的意義，這是知識上的意思。在這樣意義的經驗實在論與超越的觀念論中，感性上的現象是實在而不是主觀的觀念，不是幻象(illusion)，這樣我們的知識才可能。現象是實在的，而現象是知識的對象，故在經驗知識範圍內，所謂的眞理就是知識，知識代表眞理，而決定一個概念或命題之眞假，就是視它們是否有對象與之相應，故康德的經驗實在論，也與一般的實在論一樣，眞理就是我們主觀方面的命題或概念有對象與之相應。否則一切陳說都無實在性。我們所知道的是實在的現象，而不是夢幻、幻象、假象，故一般實在論的眞理(truth)，都是相應說。但這是經驗實在論中的相應，而非一般實在論中的相應，在這個地方就有很深刻的問題包含在這裡而且很特別。

經驗實在論爲什麼與一般的實在論不一樣？一般的實在論爲什麼無 phenomena 與 noumena 之分別，而康德的經驗實在論爲什麼一定含有 phenomena 與 noumena 之分別？這是第一點。第二點是現象不是天造地設的，是在感性主體中的存在；而由感性呈現給我的現象，開始一定是主觀的，這是大家所共同承認而没人能反對的。在此就有問題了。開始是主觀的，而又能成爲客觀的實在，而爲與知識相應的對象，這如何可能？

開始是主觀的，這一點英美的實在論也都是承認的，羅素就說：「一切的哲學是帽子底下者的哲學」，意即一切都不能離開我的腦神經中心，故一切哲學的起點都是自我中心中的特體 (egocentric particulars)，特體就是特殊的東西。如果一切知識的起點皆是自我中心中的特體，則一切皆是主觀的，如聲、色、臭、味等都是自我中心中的特殊現象。柏克來也表示這個意思，他就認爲洛克所分的第一物性與第二物性，一樣都是自我中心中的特體。而此自我 (ego) 是那一層次的自我呢？是什麼意義的自我呢？自我 (ego, self) 有好幾層的意義，帽子底下腦神經的自我是什麼性質的自我？此自我中心的自我是生理機體的自我，王陽明所謂之「軀殼起念」的形軀的我。佛教的前五識也是這個意義的我，此是最基層的。再上一層是心理學意義的我 (psychological ego)，此即佛教所要破除的我，爲一切執著、煩惱之源，是虛構之我。再進一層是笛卡兒的：「我思故我在」(I think therefore I am) 的我，這個我相當于康德的超越的統覺 (transcendental appeception) 的我，此爲邏輯的我 (logical ego)。再進一步到最高層的我，這最高層次之我，在佛教就是涅槃經中常、樂、我、淨的涅槃眞我。我們現實的我都是無常、痛苦、污染的虛僞我，經過修行而翻過來的是常、樂、我、淨的涅盤眞我，這是 real self。這個層次的我，不是生理機體的我，也不是心理意義的我，也不是邏輯意義的我，而依康德此是屬于 noumena，若依儒家孟子所講便是「萬物皆備于我，反身而誠樂莫大焉」之我。這樣的我是什麼意義的我？王陽明由良知說的我是什麼意義的我？這也是眞我，但依儒家，這種眞我是道德的眞我 (moral self)，此眞我是要由道德上才能顯出來，依康德是由實踐理性講才能顯出來。

生理機體自我中心的特殊現象，都是主觀的。即我看的顏色不一定與你所看的一樣，其他一切感覺現象莫不如此。故柏克來就說不只洛克的第二性是主觀的，第一性也是一樣是主觀的，故取消了洛克第一性第二性之分別。依康德，開始在我們感性主體中的一切表象都是主觀的，儘管是主觀的，但在感性中呈現就有實在性，主觀的並不是完全主觀的虛幻，所以現象不是幻象。而問題是現象首先開始都是主觀性的，而主觀性的不能成爲客觀的知識，在此若永遠不能成爲客觀的，則經驗實在論就不能成立。永遠是主觀的實在，對我是實在，對你不一定就是實在，這樣那有客觀的知識呢？儘管不是假象，但開始的一切表象都是主觀的，在這種情形下如何能總結起來向經驗實在論這個方向發展？此即「主觀的表象如何能涉及一個對象，如何能關涉到一個對象而客觀化」的問題。

這是講知識論中的共同問題，「客觀性如何成立」？只是解答的方式不一樣。客觀性知識不能成立，這就成爲懷疑論。西方哲學發展到十八、十九世紀都是談這個問題，但到廿世紀就不談了，爲什麼不談，其背景不太清楚。是否這些問題都已解決不需再談了，或認爲這些問題無意義！其實這些問題是必要接觸到的。目前廿世紀的當代哲學如語言分析，邏輯實證論，胡塞爾的現象學以及海德格的存在哲學等，雖都別開生面，但卻沒有承接他們西方傳統的眞正哲學問題。

實用主義如詹姆士 (W. James)，杜威等，是以有效無效來決定觀念之實在性。依杜威，我們一開始主觀方面有許多想法，這些想法都是主觀的觀念，我們如何證明這些觀念的那一個是眞的呢？相合說主張眞的觀念是有對象與之相合，但實用主義認爲那裡有此對象呢？找不出來的，故實用主義就反對此相合說。依實用主義認爲對一件事情有很多想法，而那個想法有工作性就是眞的，就是依工作性來決定觀念之眞假。因爲眞理之標準在實用，所以實用主義的問題也在解答觀念的客觀性、眞理性。

羅素是實在論者，他是依邏輯分析的立場來說此問題。知識的起點既然是自我中心中的特體，這開始是主觀的。然則這如何能成爲客觀的知識呢？依羅素，一個命題或一個概念，要能代表一個客觀的知識，就必須服從兩個原則。一個原則是外延性原則 (principle of extensionality)。外延是對內容 (intension) 而講的，而內容是主觀的。由主觀的內容轉成外延命題 (extensional proposition)，這才能代表一個客觀的知識。內容一經外延化就不爲其主觀的主體所拘束所牽制。內容使一個概念有意義。外延使其成爲客觀的概念。此後者在邏輯裡稱「類」，也即外延決定出一個類。內容若不能外延化，就沒有客觀的意義。但如何才能外延化呢？關此，羅素就無交代。

第二個原則是原子性原則 (principle of atomicity)。這個原則表示科學知識是可以分解的方式來表達的，可以清清楚楚地分析出來的。就知識之可以分析地講，羅素就提出原子性原則。這表示部分可以獨立地被了解，不一定要通過全體才能被了解。若部分必須通過全體來了解，則部分無獨立的意義，這樣科學知識就不可能，此在第一講已經舉例說明。

重視原子性原則也就是重視個體性，這是英美思想中最獨特的一點。雖然在哲學方面談原子論或多元論似乎不十分究竟，但其在社會政治方面的作用不可經視。就是比較重視全體的也不能抹殺這個原子性、個體性。

中國人喜歡講全體，常喜言天地萬物爲一體，天地與我並生，萬物與我爲一，但要知道這些話的眞正意義，這些思想其實是徹底的個體主義，徹底地尊重個體，並不像我們所了解的一講全體就把個體抹殺，這都不是儒、釋、道三家的思想，這是一般人的誤解。所以英美的哲學家無論講哲學，講社會，抑或講政治，都很自覺地重視這個原則，故不要輕看英美的思想。在哲學方面雖不十分過癮，也不能隨便抹殺的，康德雖然不是講多元論的，但他也一樣重視個體，只是詞語不一樣而已。

由原子性原則，知識可以分析；由外延性原則，知識可以客觀化。故客觀知識的成立，必須根據此兩個原則，這是羅素的講法，這也是針對上面的知識開始于主觀而如何能客觀化的問題。但此解答是根據邏輯分析的態度說的，而此兩個原則被說成假定，意即此兩個原則是邏輯上的需要，以一般話來說，此是理之當然。這樣只指出理之當然，而沒有說明出所以然，常常變成沒有解答。邏輯分析就常常犯這樣的毛病，講分析的大都是這樣。爲說明知識要客觀化，所以才提出這兩個原則。而眞正的問題是如何能做到這一步？即如何能證成這兩個原則？如果不能證成，這不是等于沒有解答嗎？這是知識論的問題，一般都沒有眞正地透徹地來解答如何能達到這一步這個問題。

康德的哲學很難以了解的原因就在此。在解答「如何」這一個問題，康德認爲一切表現都是在感性主體中存在，所以都是主觀的，而如何能客觀化呢？康德的解答大體是這樣的：感性主體中的 material phenomena，也即 representations，都是實在的，都是由外面給我的，matter 不能由我們的腦子裡玩弄魔術變出來的，那樣就不能涉及對象了。儘管在感性中是主觀的，但是由外面給我們的，而給我們的方式必須通過我們的機體構造，如顏色就必須通過我們的五官眼睛來看才能給我們，否則就沒有顏色，但通過機體感官而給我們的是主觀的，如何客觀化呢？客觀化是靠什麼呢？依康德說明，解答「如何」這個問題，要客觀化須依靠主體發出的一些形式條件，也即靠主觀的形式 (subjective form)。

客觀化首先由感性處講，是要靠感性的形式條件時間、空間的。時間、空間是主觀的形式，但 matter 這個現象擺在時間空間內就有初步的、基本的客觀性或實在性。若一感性對象不在時間空間裡，那就是假象，沒有實在性。時間空間這些主觀的形式決定這些主觀性的材料表象 (representations) 使其有客觀性，這是第一步。形式是由主體而發，而 matter 則不是由主體而來，否則就是耍魔術。柏克來也是這樣主張，但中國人不了解柏克來的「 subjective idealism 」，認爲這是主觀的耍魔術妖怪。形式（時間空間）是主觀的，可是這些主觀的形式能使感性的表象涉及對象而有客觀化而有實在性，這是很怪的。此中的道理有點弔詭 (paradox)，很古怪，其難于了解就在這個地方。一個東西要成爲客觀的，是靠主觀的東西而成爲客觀的，這不是很古怪嗎？但要知道使其成爲客觀的那些主觀的東西是什麼東西。時間空間這些形式並不是由外面給與我們的，它們與感覺現象是截然不同的，我們平常不大注意這個思想。在感性中呈現的主觀的物質現象，擺在時間空間這些形式內就是客觀的，若不能套在時間空間之內就是假象。我們進一步想，爲何說時間空間是主觀的，因爲外在世界並沒有時間空間這個東西擺著，這個道理就好似邏輯中的 all, some, and, or, is, is not 等，我們是不是能在外在自然界中找到一個東西叫做 all, some, or 等，外在世界有的是個個不同的對象，但沒有 all, some, or 等，所以 all, some, or 這些辭語 (terms)，與粉筆或杯子這些字顯然不是同類的，故 all, some, or, and, is, is not，這些字羅素就稱之爲邏輯字 (logic words)，而粉筆是對象字 (object words)。外在世界並沒有一個東西叫做 all, some，也就是說 all, some 不是由外面給我的，那麼 all, some 怎麼發出來的呢？ all, some 這些稱爲邏輯字，而表現邏輯句法的，是發于思想之運用，所以 all,some 是思想運用中的概念。同樣，外在世界也沒有東西稱爲 is, is not，這是表示肯定否定的態度，是我們下判斷時邏輯思考的一種運用 (operation)。此等思想之運用康德稱之爲邏輯的功能 (logical function)，代表邏輯功能的就是這些邏輯字，而康德就以這些邏輯字爲線索 (clue) 來發現範疇。康德就認爲範疇是由知性所發的，而知性的作用是思想，吾人的思想就能發出這些概念，這些概念不是對象而是決定對象的形式概念，康德就循亞里士多德稱這些爲範疇 (category)。

一個現象擺在時間空間內就有客觀性、實在性。時間空間是主觀的形式，它們使主觀的表象初步的客觀化。第二步要靠範疇來決定，這就是第二步的客觀化，到此就完成充分的客觀化。康德的思路大體如此。

由外在世界通過感性而給我的那些物質現象是主觀的，而要靠主觀的形式把它們客觀化。有這麼一個轉折，所以才說康德是主觀主義。康德的思想最難了解的就是這一部分，而似乎沒人眞正能了解，好像他只服人之口不能服人之心。人不一定能信服，不信服的緣故就是以爲這是主觀主義，尤其是英美人不能了解，在此就必須仔細思考。一個東西能客觀化是靠形式，靠法則性的概念，這是很合理的。客觀的東西不是完全都由外部來。「通過感性主體而給予的主觀表象，如何能涉及對象而客觀化」？客觀化是要靠主體發的形式條件，即時間空間與範疇等。範疇這些法則性的概念是由 all, some, or, is, is not，等這些邏輯字所引出的。範疇不是指表一對象的概念，而是表示法則性的概念，所以也是形式的概念。這種思路是合理的。平常一言客觀就代表外在，凡是外在的才是客觀的。這種想法並不能適用于一切。

如儒家言「立于禮」，禮是一些形式 (form)，也就是相當于法則性的概念。依儒家的想法，一個人要能站起來，是要在禮中才能站起來。如不在禮中，也就是一個人不在方性的規制中，則一個個體就東倒西歪，搖搖擺擺，沒有一定的地位。故論語有云：「興于詩，立于禮，成于樂」。只是興于詩是主觀的，興發是主觀的，但只是興發起來到處橫衝亂撞，東倒西歪也不行，故要立于禮，在禮中才能站得住，故禮是法則性的概念，就是形式 (form)，而禮是由內出。依荀子，禮是由聖王所制成，而聖王爲什麼能制成，也是由于其心。禮依孟子就是出乎「本心」。惻隱、是非、禮讓、羞恥四端皆是發自本心，故立于禮這種思想不是不合理的，這是由道德的立場而言的。

知識上也是如此。形式出乎主體，說這是主觀主義，此主觀主義並非不對。由主觀的形式這個層次說主觀，而此主觀的形式能使主觀的表象客觀化，這樣能算是主觀主義嗎？如要說主觀主義，若只是就感性給我的物質現象而言，這些就永遠是主觀的，就此而言才是眞正的主觀主義，徹底的主觀主義，這樣不能成立客觀的知識。知識開始于主觀，這一點即使羅素那樣實在論而又最崇拜科學的人也承認，故只停于此，就永遠不能客觀化，這才是眞正的主觀主義。

故康德的經驗實在論在解答：「主觀的表象如何能涉及對象而客觀化」的問題，這個解答是解答「如何？」而羅素的解答不是眞正的解答。外延性原則如何出現？原子性原則如何出現？康德的十二範疇就是爲了解答這兩個問題。羅素的思想就是由康德的思想換換詞語而轉變出的，其實羅素的好多思想都是來自康德。康德的經驗實在論與超越觀念論就函著phenomena與noumena的分別，進而且說明了主觀的表象如何能涉及對象而客觀化的問題。而這些說明被人認爲是主觀主義，其實主觀主義在此是否可以說，是否通，這是很值得思考的問題。

由此問題而引出來的結論是：我們的知性爲自然立法，這句話也很難了解，使人覺得更是主觀主義。

康德的思想有兩層立法，知識層由知性講，即知性爲自然立法；另在行爲方面，自由意志爲道德立法。由自由意志爲道德立法這一層很易了解，無人指爲主觀主義。但是在知識層上說知性爲自然立法，則令人驚奇，以爲是主觀主義。因爲自然法則是經由自然界發現出來的，怎麼說爲自然立法呢？這不是主觀主義嗎？康德爲自然立法是根據什麼？是根據使表象能客觀化的那些形式條件 (formal condition) 講的，感性的形式爲時間空間，知性的爲那些範疇，爲法則性的概念。他是由範疇這層次講爲自然立法。在此層次上講爲自然立法是不是站得住？康德所謂爲自然界立法是就量、質、關係、程態等十二範疇的法則性概念而言的，而一般人心目中的爲自然立法是就具體的自然法則 (natural law) 而言的，這些自然法則是由自然界現象界發現的，如物理法則 (physical law)，化學法則 (chemical law) 等等的法則。

這種法則與康德所意謂的由範疇等所言的法則性的概念是否同一層次，是否一樣？而康德這樣的立法是不是主觀主義？這兩個問題都要仔細考慮。如果知道康德的經驗實在論所言的爲自然立法的法與一般心目中的自然法則是不同的層次，則認爲康德的知性爲自然立法是主觀主義是否正確？由此而再牽涉到現象與物自身的分別，而這個分別與洛克，來布尼茲的分別有何不同？這是大體的開端，以後再逐步詳細說明。

第九講　使主觀表象客觀化的是發自知性主體之形式，猶若「立于禮」

自我中心中的特體如何能關涉到一個對象？因爲自我中心中的特體都是感性的主觀表象，也即一切經驗知識都開始于感性的主觀表象，而這些主觀表象如何能客觀化？如何能關涉到一個對象？換言之，如何由感性的主觀表象而達成客觀的經驗知識？

如前所述。依羅素，知識要能客觀化須依兩個原則，一個是外延性原則，另一個是原子性原則，這種解答是理之當然，理上當該如此的，意思是要想達成客觀的經驗知識，就當然須要此兩個原則，否則就不能達成。但究竟没有進一步說明「如何能如此」？邏輯分析家的態度大體都是如此。康德就是要答覆「如何」這個問題，就要進一步追問這兩個原則如何可能。只說當然而不說出其所以然，還是没有眞正解答問題。康德就是要說明主觀的表象如何能客觀化，換言之，即如何能達成外延性原則與原子性原則。達成外延性原則，知識才能客觀化；達成原子性原則，經驗、科學知識才能分解地被表示。原子性原則是說部分可以離開全體而獨立地被了解，假如部分無獨立的意義，則它們永遠不能離開全體而被了解，因而無知識可言。因爲要知道這個部分就要了解全體，而這個全體又是另一個全體的部分，這樣一層一層地擴大其牽連，就永遠不能有知識，故爲說明科學知識，外延性原則固然重要，原子性原則同樣重要。外延性原則能使知識外延化，能外延化就能客觀化，因類概念可因此原則而客觀地被決定故。原子性原則是對分析講，因科學方面的知識不能離開分析，即分解的表示；假如爲了了解一個杯子而牽連到需要了解太陽系乃至全宇宙，則此杯子就永遠不能被了解，這不是在科學知識範圍內所能應用的。

康德要說明主觀表象如何客觀化，如是，羅素的這兩個原則自然就包含在內。他的論點是範疇，若無範疇知識不能客觀化，無客觀的對象，也不能關涉到對象；因爲無客觀的意義，故亦不能有分解的表示。故可知羅素的兩個原則是藏在康德的範疇中。

康德的解答就是在說明如何達成羅素這兩個原則。羅素只說當然之理，而康德要說明「如何」與「所以然」。康德的解答是以主觀的形式條件來答覆客觀化這一個問題，這個論辯很微妙而難以了解。凡感性所呈現的表象是主觀的，而表象是材料，如看一個顏色，顏色是通過眼睛來看見的，是主觀的表象，因視覺各人不同故，其他的表象都是如此，故發自于感性的表象都是主觀的，都是自我中心的，無共同性、客觀性。要想使其能關涉到對象而客觀化，這就要靠形式 (form)，形式是由我們主體發出的，由主體發的形式使主觀的表象關涉到對象而客觀化；換言之，主觀的形式能使主觀性的表象客觀化，這不是很古怪嗎？

這個道理可換一個方面的例子來說明就較容易了解。孔子言：「立于禮」，因爲個人的生命是可以東倒西歪，搖擺不定的。生物性的個體要搖擺到那裡去是不能決定的。如把它歸到生物學的立場來規定它，則它可成爲生物學中的個體，但不能使他成爲一個「人」

(human being)。人可以不只是一個生物性的個體，也不只是一大堆細胞。但人也可不當人來看，只是以生物體的一大堆細胞來看。但若眞的要以人來看人，這個個體一定要套在人倫的關係中，「禮」的起點就在此人倫關係，故人要當一個人來看，能站得起來貞定住自己，不要東倒西歪，搖搖擺擺，就要立于禮，要在禮中立，在禮中才能站得住，才能定得住。這能站得住，定得住就是客觀化。此客觀化當然不是由知識言，而是講人的問題，也不是講生物學的生命 (biological life)。生物學的生命中找不出人倫關係，找不出禮來，不要說生物學，就是在心理學，人類學也找不出來。由這些知識只能由各方面解釋人的不同現象，但根本不能了解人。

一個人要當一個人看，是要他能站起來才有客觀性，要能站起來是要靠「禮」，此「禮」由何出？禮由心出，「禮」是形式 (form)，而人能客觀化是靠由心所發出的形式——「禮」。當然歷史上說禮是由周公制禮作樂而來，荀子就認爲禮是聖人所訂制，但追問聖人爲什麼能制禮，根據什麼來制禮呢？此乃由于聖人能澄明他的心，虛一而靜，故聖人能經由修道才能使他的心虛一而靜，達到這樣的境界他才能制禮作樂。依孟子就直言禮是出于人的本心，此本心就是是非、惻隱、辭讓、羞惡等四端之本心，故禮乃由本心而發，故爲由主體而發的主觀的形式 (subjective form)，而一旦成爲形式就有客觀的意義，有共同性、客觀性。而康德的知性能客觀化主觀的表象也是同樣的道理。故有客觀性、普遍性是通過「禮」而然的，「禮」才是客觀性、普遍性的所在，平常一言客觀就是外在的 (external)，這種外在意義的客觀是很膚淺的。

如全部的數學，數目都是普遍性與必然性的，但外在自然界沒有數目這個東西。所以來布尼茲以數目爲半心理的東西(semi-mental)。但爲什麼稱其爲半心理的？它不是心理學的東西，它不是心態、心象，但它又由邏輯思考，形式直覺而成，一旦形成後就不是心，故曰半心理的。羅素隨佛列格(Frege)說它既不屬于物理域，也不屬于心理域，而是屬於中立的邏輯域。故它很明顯地是一些形式的東西。

佛教就稱數目、時間、空間等爲分位假法或不相應行法。「分位假法」是說時間空間等是就變化過程中之某分際而假立的，顯然是些主觀性的東西，康德就說它們是「心之主觀構造」。「不相應行法」這個詞語更有意義。不相應者是說這些「法」與色心諸法建立不起同或異的關係。你說它們與色心諸法一定是同固不行，你說一定不同也不行。例如數目，你說它一定是心，當然不對，因爲數目不會是心態；你說它一定不是心，也不對，因爲它畢竟是由心之思行而發，由心思之邏輯構造而成，由心之形式的直覺而成，故來布尼茲名之曰半心理的。同樣，它與色法也建立不起同異關係，因爲數目不是色法（物質現象），但又可以用之來定物，好像物有數目性，其實數目實不是物之固有之性；形狀、廣延、體積等才是物之固有之性，數目不過是可以應用于這些物性上而已。佛家說「不相應」，說「與色心諸法建立不起同異關係」，這是很有思理的，很足顯出這些形式法之顯明的特性。

與心能建立起「同」的關係的名曰「心所」，心所者爲心所有與心和合而爲一，此如諸心態是。與心能建立起「異」的關係者就是「物」，心與物是絕異的（經驗地說）。與物能建立起「同」的關係者名曰「物所」（即如洛克所說的第一物性是）。「物所」一詞是我依類比而立，佛家原無。與物能建立起「異」的關係者就是心（這也是經驗地說）。但這些形式法既不是心，又不是不是心；既不是物，又不是不是物。此其所以不相應也。

依佛家詞語，心有心王心所之分。每一個心，以心本身來看，把心看成整個，名曰「心王」，不但阿賴耶識是心王，八識每一識本身都是心王，而且都有它自己的情態，依西方詞語即心態 (mental states)，此則名曰「心所」。第六、七、八識每一識都有許多「心所」。前五識較簡單，但以眼識爲例，視是靠眼官，而眼官的作用還是識，視覺還是心之活動，也即視覺本身是心王，視覺有種種狀態，那就是視覺心王的心所。心所是一種狀態爲心所有，與心和合爲一。而佛教稱不相應行法的時間、空間、數目、因果、同異、一多等這些概念，就相當於西方哲學的範疇，這些範疇由古希臘就有，爲最廣泛使用的概念，而佛教就以這些爲不相應行法。不相應行法是形式性的概念 (formal concept)，不得名曰「心所」。

依洛克分物性爲第一性 (primary quality) 與第二性 (secondary quality)，依洛克第一性是客觀的，如形狀、體積、廣延、量等大體都是屬于物本身的性質，故他就以爲都是客觀的，是附著于色法上的本質屬性 (essential attributes)。如上所說，不相應行法既與心建立不起同異的關係，也與物建立不起同異的關係。因爲它既不是心的特性也不是物的特性。

不相應行法，是屬于行，行是什麼意思？行是指「思」言。「色、受、想、行、識」中之行蘊就是思，爲什麼以思來表示行呢？如前講已明，諸行既已分別地說爲色、受、想、識，單剩下「思」無可劃歸，遂即以原說諸行之行名之，故以思解行也。思也是屬于心。但思行中有好多法，這些法分兩類，一類是相應的，一類是不相應的。換言之有相應的思行中的法，有不相應的思行中的法。思本身就是一心所。而思行中相應的法名曰心所，因爲思行本身屬心，故心所單就心言，因而無「物所」之名。心所是 mental states，與心相應的才能稱 mental states，不相應的不能稱之爲心所。思行中不相應的法就是不能與心法進而亦不能與色法建立同或異的關係的思中的那些形式概念。而這些形式概念起源于什麼主體呢？既是屬于思行，故其起源是起源于思想 (thought)，此思想非平常所言的想像，亦非屬于心理學意義的思，而是邏輯思考 (logical thought)，是由邏輯的我 (logical self) 中發出，故有客觀性、必然性與普遍性的三個特性。康德也以爲那些形式概念（時間空間屬感性除外）是發自邏輯主體，邏輯主體與心理主體不一樣。羅素也以爲數學不是屬于物理的 (physical)，也不是屬于心理的 (psychological)，而是屬于邏輯世界 (logical world)，而這個邏輯主體或邏輯思想發出的主觀形式能使感性中所呈現的主觀的東西客觀化。意即由主體發出的形式 (form)，能使感性的主觀表象關涉到對象而客觀化。此講法很古怪。感性的表象本來是主觀的，而主觀的形式條件能使其成爲客觀的，這在一般看來以爲是主觀中的主觀，豈不是成爲更主觀的？故指康德的思想爲主觀主義。這是一定的嗎？我看這未必然。

數目依來布尼茲是半心理學的，但一旦成爲數目就是客觀的、必然的、普遍的。這樣的數目論是主觀主義呢？抑或是客觀主義？沒有人因講數學不屬于物理世界、心理世界，而屬于邏輯世界就說這樣講數學是主觀主義。主觀的形式條件，即由主體而發的形式條件，能使現象客觀化，由此而說其是主觀主義是不通的。一般人並不了解主觀主義的意義。由主體發的形式條件而使主觀的表象客觀化這個思路較複雜而微妙，而且難以了解。但是由上面一步一步由來布尼茲講數目是半心理的，羅素說是屬于邏輯的，佛教說是不相應行法看來，則康德的說法是很合理而可理解的，而不是不合理的古怪，在此說是主觀主義也很有問題，這是必須仔細思考的。

佛教對那些不相應行法的說法，康德是可以接受的，但康德就不似佛教那樣籠統，而把這些形式條件分爲兩層，第一層由感性講，此是基層，第二層是知性(understanding)層，此兩層就可以把佛教籠統說的廿多個不相應行法（不相干的除外）分成兩類。由感性層上說的形式是時間、空間，由知性層講的是形式性的概念即十二範疇。感性通過五官所接觸的現象都是主觀的，此是由感性的材料方面說的，色、聲、臭、味等永遠都是主觀的表象，但是這些主觀的表象一定要套在形式內，它才有客觀而且有眞實(real)的意義，在此講就是實在論。聲、色、臭、味這些表象雖是主觀的，但不是幻覺而是眞實的，而眞實的成其爲眞實，要套在形式內，才有客觀的意義，也才有眞實的意義而爲眞實的存在。

在感性層上直接套上的形式就是時間、空間，時間空間爲感性底形式(form of sensibility)。感性底形式是由我們的心靈隨著感性而表現其作用，其作用就是湧現時間、空間，湧現出來直接地就用于安排感性的主觀現象。開始講時間、空間是感性底形式，是主觀的，而感性之取物是直覺的。就以「看」爲例子，這一「看」，主觀方面是「看」，客觀方面是「所看」的顏色，這是直接呈現的，而且在感性中的「看」，主客觀是不分的，在此怎麼能說時間空間是屬于主觀或客觀？爲什麼說是屬于「看」，而不是屬于「所看」的顏色。在此主客觀不分，渾而爲一，這樣說屬于主觀或客觀都可以。但時間空間是屬于主觀，而顏色是屬于對象的，在此不能以感性的主觀客觀不分來辯，不管你自覺到不自覺到，這是由反省上來說明的。主觀的是「看」，「看」是直覺 (sensible intuition)，是視覺的直覺，「看」就要在時間空間的形式下，才能成其爲「看」。假若「看」不在具體的一個時間與空間中，不在某個時刻，某個處所中，則這樣的「看」就是抽象的看，那就等于沒有「看」，那只是「看」之概念。假如是眞的具體的看，而且有具體的顏色，那一定都在時間空間中，則這個時間、空間之形式，不但是「看」之形式，而且也是「所看」的顏色之形式，這是同時的，不過分解一下講就說時間空間是感性之形式，由心立不由物給，因此說是主觀的。顏色若是具體的一定要在時間空間中，若顏色不在任何時間空間中，則顏色只是抽象的概念，不是具體的顏色。如人的概念，古今中外的人都可包括在內。如要講一個具體的人，如孔子，就是春秋時代周遊列國的那個聖人，一定要舉出具體的時間空間。但不能因此就說時間空間是外在的。

主觀的形式用于感性而爲感性之形式，這並不表示此形式是由這感性主體而發。依康德，感性 (sensibility) 是接受性，接受外來的東西，由外物給我一個刺激，而我接受一個刺激就有一個呈現。假如說時間空間就是此接受性的感性所發，這也是講不通的，在此須再詳細予以分析。

若外界給我的皮膚一個痛的刺激，而我有痛的感受，而此皮膚觸覺的痛的接受性，其實是發不出時間與空間的。感性是要在時間空間中成其爲接受性，說「時間空間爲感性之形式，是主觀的」，這不表示時間空間是由感性主體而發，這只表示時間與空間用于感性主體。心靈隨五官感性而表現作用，在佛教爲前五識，識是屬于心，五識並不是五官，乃是心靈隨著五官而表現其作用。識是了別作用，故五識乃心靈依附在生理機體而表現。王陽明所謂隨軀殼起念就是識，不隨軀殼起念就是良知。孟子云：「耳目之官不思而蔽于物，物交物則引之而已矣」。凡此乃是依道德立場而言。嚴格落實而言，前五識是心靈隨著五官之目來看成爲視覺，即是眼識；隨著五官之耳來聽爲聽覺，就是耳識。其他亦如此講。光只是看、聽，還無了別作用，官覺之識才有了別作用。而此五識本身也不能湧發時間空間之形式。心靈隨著五識而再凌空地表現其某種作用以突顯形式，這個心靈就要暫時超脫一步不與感性糾結在一起；它超脫一步而就著感性發出形式必須有其獨立性的作用，此獨立性的作用康德並没說出，他只說時間空間是心靈之主觀構造 (subjective constitution of mind)，而心靈是屬于那一層次意義的心靈康德並無交代，故在此有隱晦。

若直就感受性、接受性去分析，如就眼睛之「看」而言，「看」是心靈之了別作用，是屬于前五識，此了別是了別顏色，它也發不出時間空間之形式，而說心靈之主觀構造，此心靈是落在那個層次而言呢？至少不能說就前五識來說，但也不是屬于第六識，因第六識是屬于知性。因此，當該說時間空間是發自想像層的心。康德很看重想像之機能 (faculty of imagination)，他講時間空間並没有提到想像層，而講規模圖式 (schema) 時就提到。想像力就是心之主觀建構作用，其湧發時間空間以及形構規模圖式都是先驗地發之與形構之。不管你意識到不意識到，讚成不讚成，這都是不相干的，因爲時間空間爲心靈（想像）之主觀建構是一定的，雖然關于時間空間有好多不同的主張。

對象如山河大地是外在的對象 (external object)，爲客觀外在的東西，但客觀外在世界有無時間空間這種對象？我們能通過那一種認知的能力來認知它？時間空間是虛的，山河大地是實的，我們可以通過物理、化學等等許多不同的路數 (approach) 來了解，了解後還是這個山河大地，即使是上帝創造的也是山河大地，因爲這是實的，可是就沒有時間空間這種對象，我們也無任何認知能力能把握到一個外物曰時間空間，感性是不能的，通過感性只能感覺到色、聲、嗅、味、痛等，但絕不能感覺到時間空間。儘管我的看以及所看的顏色在時間空間中呈現，但我們没有看到時間空間，故依康德乃通過反省 (reflection) 而知道的，因其是先驗的 (apriori) 或先在的，故通過感性的前五識我們無法知道時間空間。那麼我們是否可以通過知性的思考來思想時間與空間？當然可以。例如我們可以通過具體的一條線或一個圖形來把時間與空間表現出來，這是時間空間早已有了，我們經由思考的作用而想它，藉助線或圖形等具體物來想它。但知性決不是時間空間底湧發地，因爲知性只是思，思決不能形成時間與空間。思憑藉概念去決定早已有的，並已用之于感性的時間空間中的感性現象，但卻不能把時間空間當作外在的物而去決定它，就如同決定一外在的現象一樣。

故外在世界無時間空間這種東西，但時間空間的作用又非常大，故時間空間是虛法，不相應行法都是虛法，這些虛法由我們主體發出的，而用來控制、安排那些外在世界的對象，使這些對象有客觀性眞實性，此之謂「虛以控實」。

康德的純粹理性批判一書中，討論時間空間部分的爲感性論，竟只有短短四十多頁說得很簡單，而非常難以了解。康德說時間空間是主觀的感性形式，爲心之主觀建構，其實並非是不可了解的，如以佛教的不相應行法就可幫助我們了解。康德提到對時間空間的看法有三種，除了他自己的看法以外還有兩種。一種是把時間空間視爲是客觀的絕對自存體 (objective, absolute self-subsistent real being)，由古希臘的原子論者至牛頓的物理學都持這種看法，一般科學家也都認爲時間空間是客觀的存有 (objective being)，印度之外道哲學勝論師也持這種看法。既然時間空間是客觀的眞實存有 (real being)，但又是「非實物」(non-entity) 的形式的存有 (formal geing)，這樣的時間空間是通過我們思想的運用所構思出來的，把其客觀化推出去而成爲外在的，故完全是虛構的時間空間。佛教就不認爲如此，佛教認爲作爲客觀而自存之實有的時間空間是由虛妄執著而虛構成的，佛教認爲此乃由于識之執著，但執著就不是實在的，不過雖然如此，我們還是可以使用時間空間而不視之爲一自存體，隨俗而方便使用是可以的。這明示時間空間是方便假立。

另一種說法是來布尼茲所提倡的，他認爲時間空間非客觀自存的實有，而是由客觀對象自身的關係中抽象出來的，不是離開對象自身而客觀獨存的實有，此稱關係說 (Relation-theory of space and time)，牛頓的說法是絕對說 (Absolute theory of space and time)。此絕對的時間空間爲牛頓物理學的基本假定，依愛因斯坦就不需這個假定，故成相對論，但相對論之時空觀也不必是來布尼茲的關係說。

康德就指出時間空間既不是如牛頓所說的客觀絕對的自存體，也不是如來布尼茲所想的由對象本身的關係中抽出來的。我們說對象間的時空關係，其實乃由我們主觀的時空形式之應用而決定成的，而不是時空關係由對象本身間之關係抽出來的，故關係說是顚倒過來說的。由主體而發的虛的形式來控制實，而使實的能客觀化，由這實的方面講，康德是實在論。人們謂其爲主觀主義，乃由其控制實的那形式是主觀的而言，而不由實的物質材料方面言主觀主義。物質材料這些實的都是由外面通過感性給與於我們的，但控制，安排那些實的材料乃是虛的主觀形式。這樣你說康德是主觀主義乎？是客觀主義乎？安排控制實的是形式，此形式是主觀的，虛的。若主張這些形式也是客觀而外在的，這種客觀主義是講不通的。我們只要在材料，實的這個地方說時間空間之客觀實在性就夠了。

「主觀虛的形式能使實的主觀性的感性材料能涉及對象而使其客觀化」，是最正當而最合理的講法，其中的道理就是「虛以控實」的觀念，「虛」的主觀形式能控制安排「實」的主觀材料使其成爲具客觀性實在性的對象，虛的竟有這麼大的作用麼？曰有。茲可借通俗的事理來說明以幫助大家去了解。

如由香港到台北，一個多鐘頭就到，這是實的，其他要辦的些種種手續都是虛的。原子彈是實的，造原子彈的那些程序是虛的。打仗是實的，而完成打仗的那些程序是虛的。野人一槍一刀，直接搏鬥，就用不著那些虛的架勢。越是高度的事越需要虛的形式。人間就是如此。上帝不需要這些形式，動物也不需要這些形式。人若只就感性底直接攝取而言，不想進一步要說明「知識」，則連時間空間這種形式亦不必要。感知只是冥闇，與動物無以異。時間空間以及範疇只在爲的說明知識上才出現，而人亦實有知識，因而亦實有這些先在的虛的架勢。虛的架勢只在說明人的經驗知識上才有效。說其是先在的亦只在這個契機上說。此之謂「以虛控實」。知識或對于知識的反省越落後越不知這種虛實的道理。

第十講 未決定的對象與決定了的對象

我們的主觀表象如何涉及對象而能客觀化呢？這須分兩層來講，從感性層所以能使主觀的表象涉及對象乃依時間空間之形式，這時間空間之形式依康德爲主觀的形式 (subjective form)。此主觀之形式由主體而發，爲心靈之主觀構造。心靈乃代表主體，心靈之主觀構造是指那一層次之心靈呢？當然是想像層，感性本身並不能有此構造。想像層之心靈隨我們感性之攝取而首先發出時間空間之形式。諸主觀的表象就是安排在這時間空間之形式裡邊，或這樣說，即：在時間空間這種主觀形式之下，諸主觀表象才能呈現給我，而且當作具體的東西呈現給我。故時間空間爲感性之形式是很可理解，很可說得通的。

感性直接把一個東西給我，感性所給的都是具體 (concrete)，而特殊的 (particular)。具體之所以爲具體，特殊之所以爲特殊，從形式方面言是時間空間，這是可以了解的。假如抽象地說一個東西，而不在時間空間中，那麼這一個東西不是具體的。譬如人這個概念，無時間空間性，此非具體的，非感性所呈現于眼前的人。感性所呈現于眼前的具體之個人某甲某乙必在時間空間中，故時間空間爲感性主觀表象之形式條件，而且是先在的，主觀形式條件。

可是雖然把主觀表象的對象放在時間空間之形式中，或在時間空間形式條件下呈現給我們，此呈現的對象在感性層上，康德言其爲「未決定的對象」(undetermined object)。什麼是未決定的對象？感性是通過耳、目、鼻、舌、身而把具體的現象呈現給我，至于具體現象所具有的那些普遍性的內容並未呈現給我們，因未呈現給我們，只是具體的東西擺在我的眼前，至于此具體的東西是什麼樣的東西，有些什麼定相——有些什麼關係，什麼量，什麼質，我們都無所知，故稱之爲「未決定的對象」。

什麼是「決定了的對象」？決定之所以爲決定，靠什麼來表示呢？或者所決定成的是什麼呢？決定成的是眼前呈現的那些對象之普遍的性相。這大體從三方面來了解，即量 (quantity) 方面，質 (quality) 方面，關係 (relation) 方面。我們知道對象的內容，大體不出這三方面。這量、質、關係，皆帶有普遍性，並不是這個東西所特有的，到處都可以具有之。

所謂決定就是決定這三方面的普遍性相，英文爲 universal characteristics。即普遍之特徵，普遍的性相、徵相。佛教法華經云：唯佛與佛，乃能了知諸法實相。每一法有如是這般的相，如是這般的性、體、力、作、因、緣、果、報等九種，即法華經所稱之九如。但共有十如，第十如爲「如是本末究竟等」。這是什麼意思呢？每一個法，即天地間的一切東西，皆是如是這般的從本到末究竟說起來畢竟平等平等，究竟就是畢竟。如是這般的從本至末就是從如是相，如是性、體、力、作、因、緣之爲本到如是果如是報之爲末。任何東西有如是這般的性相等，就有如是這般的結果；有如是這般的結果，就有如是這般的報應。一切自然現象皆如此，並不一定是迷信。每一法從前九如講個個不同，皆有性，相……因，緣，果，報等等不同。雖然有此九如之差別，但說到最後還是畢竟平等平等，即究竟是「如」，是「空」。不管你是什麼性相，因緣果報等等，說到最後還是空如。佛教不是講空講眞如嗎？這個平等只有在空如這裡講。如從性相處，只能說差別，此即十如之前九如，即如是性，如是相……等之普遍的性相。第十如是最後的空如，這也是普遍的性相，即一切法是空，無我。此第十如之性相顯然與前九如之性相不是同一個層次。前九如之九種性相屬于康德系統之現象層，現象之這些性相是各個不同有差別的。但最後的空如這一性相則是都一樣而無差別，這個是空如，那個也是空如，並不能說粉筆的空如與石頭的空如不一樣。那麼「本末究竟等」所代表的實相與前面九如所代表的實相是不同，前九如是屬于 phenomena，「本末究竟等」的空如之實相依康德是屬于 noumena。依佛教言此第十如「空如」的實相，乃智之所照，此智即般若智，此能照實相之般若乃是「實相般若」。此不是感性，知性，甚至理性 (pure theoretical reason) 所能達到。依康德，感性、知性只能把握現象，即使是理性也達不到 noumena。當然康德無空如之觀念。可是佛教之空如也就是 noumena，故法華經之十如的實相可分兩類來了解，一類爲現象層方面之實相，一類是非現象層方面的實相。Noumena 不好譯，不能譯爲本體。Noumena 依康德爲純粹理智的東西（純粹理性的知性所思的東西），一點經驗的根據都沒有，沒有感性的支持，故 noumena 又轉一個名詞爲 "intelligible entities" 譯爲純智所思的那些東西。Noumena 就是純智所思的東西，無經驗材料的支持，如物自身 (thing-in-itself) 爲純智所思，此概念不矛盾，但不能呈現給我，因非感性所能達。還有自由意志 (free will)，也不是由現象界所能證明的，其他還有靈魂不滅 (immortality of soul)，最後上帝 (God)，這些都是純智所思之對象，爲 intelligible entities，不是感性之直覺所能達到。這些康德都稱爲 noumena，我們一般譯爲本體，這是不對的。如果譯爲本體，到底那一個是本體？是以自由意志爲本體乎？以靈魂不滅爲本體乎？以上帝爲本體乎？或物自身乎？皆非也。如文而譯當爲「智思物」，籠統略譯則爲「本體界者」。Noumena 既如此，那麼現象 (phenomena) 即爲感觸物 (sensible entities)。依法華經，空如實相爲純般若智之所照，非我們之感性直覺之所能及，因此方便地以康德之 noumena 說之也可以。

感性只能把具體的東西呈現給我們，呈現的東西爲「未決定的對象」，也即其普遍性相沒有表現出來。感性不能告訴我們此普遍的性相。普遍的性相，依法華經的詞語，爲前九如，此前九如爲現象性的實相，科學所了解的都是現象性的實相，假如科學不能接觸到實相，誰能相信科學，可是這些實相都是科學知識中的實相，非般若智所照之實相。科學中的實相就是現象性的實相，依康德，這要靠一種認知能力來決定之。什麼是「決定了的對象」？一個對象，若決定了其量，質，關係這三方面的普遍性相，它便是決定了的對象。此三方面的普遍性相，都是屬于現象性的實相。

感性只能呈現一物，不能決定一物。什麼認知能力可以使我們決定一物而至決定出其普遍的性相呢？此即知性是。知性在康德爲 understanding。佛教方面講第十如的空如實相講得多，講得充分，全部力量都用在此，前九如雖然知道，但只是擺出來，因其不是講科學知識，故不似康德講得那麼嚴謹。由感性層，知性層詳細講，而且講得那麼有軌道，那麼有法度，此爲西方人的長處，東方人在這方面很差。佛教雖然提出也無正式積極地講，就是中國儒、道兩家雖不反對知識，但也沒有把經驗知識即所謂見聞之知之根據充分地展現出來，但此並不表示其反對見聞之知。故中國無科學傳統，也無正式之知識論，因而東方之傳統重點乃用力于非現象層次上，即第十如所表現的實相，至于前九如，則用力較差，就弱一點。西方如康德之哲學于前九如則講得充分嚴謹，講之有法度，有一定的軌道而成爲學問。但于第十如則是消極的。

中國以前講儒家、道家、以及佛教，也講得有一定的軌道、法度，並不能隨便亂講。依康德，要成一個學問，一定要有成學問之一定途徑，有正當的軌道，有一定的法度，不能隨便地想。這個觀念也很重要，我們現在常說 academic（學院的），但卻不懂什麼是 academic。

康德對前九如方面，即現象性的普遍性相講得很嚴謹，有充分的展示，也有一定的軌道。此分兩層：一是感性層，一是知性層。由此兩層的展示即足說明我們主觀的表象所涉及的對象必須進一步成爲決定了的對象，它才是充分客觀化的對象，此時知識才有客觀的意義。上次講的是由感性層言主觀的形式時間、空間，時間空間使我們的主觀的表象能涉及對象，而有客觀的意義，而不是我們主觀的幻想，但還是未決定的對象。要成爲決定的對象，非靠知性不可。Understanding 譯爲知性，Sensibility 譯爲感性，Reason 譯爲理性。感性爲接受之能力，接受外面的 given，即通過我們的五官來接受。知性爲一種知解之能力，即把感性所呈現給我們的東西再進一步知解它，知解即下判斷，下判斷即可作成一個命題(proposition)，即可以加概念。感性只是呈現一個東西給我們，並無對這個東西加以判斷，沒有作成判斷就是沒有對之加謂詞。如這個粉筆是黃色的，即形成判斷。此時我可以把黃色作爲主詞即粉筆之謂詞 (predicate)，此要靠知性之能力來作的，故知性即知解之能力。康德也說知性之能力即判斷之能力。知性即知解力，由此能成功知識。此與作爲實踐能力的意志相對。通常把 understanding 譯爲悟性，此不恰當。中國人使用「悟」字的意思很廣泛。我們說穎悟，一個人悟性很強，記性很差。悟性常是指一般的聰明能力。中國人喜言「悟道」，這悟字不是指通常的了解，亦不是成就科學知識之知解能力之了解。了解在此無顏色，若當作認知能力看，它就是知性。

知性層爲何能使主觀的表象涉及的對象成爲決定了的對象呢？知性之知解能力中唯一之作用就是形成或提出概念。感性接受一個東西，是在一種形式之下，即時間空間形式之下接受，時間空間爲 subjective form, form of sensibility, form of sensible intuition，此不是概念，對于時間空間，吾人只言形式，不言概念。西方哲學中到處有概念 (concept) 的字樣。但我們須有確定的了解。我們大都只掛在口頭上，不清楚概念的意義。一說概念，嚴格說當該依邏輯學中所言之概念而定其意義。一般口頭上：觀念、概念不一定有此嚴格的意義。邏輯學中的概念要下定義，以後有其內容 (intension) 與外延 (extension)，把內容與外延弄明白後才能成爲概念，成一個概念就有客觀性，普遍性，這才使人之思想可以溝通。譬如兩個人要交換思想，必須先把自己心中所想的內容概念化才行，才可進一步討論，否則只是些觀念，不能稱之爲概念，也無法進行溝通。

故依邏輯講，對于一個東西一定要通過定義才能成概念，定義不一定都對，可能會錯，但錯也錯得清楚，可以討論。故知性之唯一作用就在形成概念。一般說杯子是一概念就是就著杯子而形成概念，也即經抽象的手續而轉成了概念，此概念依康德爲經驗的概念 (empirical concept)。但康德講知性是想進一步能使對象成爲決定了的對象，則知性就不只是能形成經驗的概念，且能先驗地提供概念，此所提供的概念不是杯子這一類的經驗概念，但也稱爲概念。概念好幾層，它有很廣泛的應用，杯子的概念是經驗的概念。

知性的能力提供的概念，可以使對象成爲決定了的對象，就是在量、質、關係方面都成了決定了的對象。這些概念是由知性本身所發出來的，不是經驗的概念，故康德稱之謂先驗的概念，先乎經驗而存在。要想成功杯子這個經驗的概念，也需要這種先驗概念作它的基本條件，所以這一類的概念不能再從經驗來，先乎經驗而有，而爲一切經驗底可能之條件。這是康德之思路。這些概念是形式性的概念，也稱法則性的概念。經驗的概念不是形式性的概念，也不是法則性的概念，而是有特殊內容的概念。這些形式性 (formal) 法則性 (lawful) 的概念沒有材料的內容。而知性就能提供這一類的概念。這一類的概念能決定粉筆底量、質與關係這些普遍的性相，而使它成爲決定了的對象 (determined object)。由這些概念所決定成的那些普遍性的性相不爲杯子所限，而且可應用于一切現象，應用于全部的現象界，且能使感性所給的對象成爲決定了的，因而成爲客觀的對象。

知性之知解能力之唯一作用，就是提供這些先驗的形式性的概念，這些概念才能使對象成爲決定的對象，由此才能成客觀的知識。此只是籠統說。那麼進一步問：知性是從什麼線索上來使我們了解知性有如此這般的能力？憑空講也不行，要有線索能確定地列出這些概念。經驗概念數目無窮。世界上凡我接觸到的對之都能形成概念（經驗的概念）。此則不能列舉。但這些先驗概念是可以列舉的，有一定的數目。這就是康德在「概念底分解」中所作的事。

我們根據什麼線索來把握知性的這一種能力呢？康德認爲線索就是傳統邏輯中之判斷(judgement)。傳統邏輯是先講概念，然後講判斷，然後再講推理。第一步講概念，就是講「名」(term)；第二步講名與名之結合成一個判斷，或名之曰命題(proposition)；最後進一步講推理，即命題與命題之間的關係，此有直接推理與間接推理。直接推理即傳統邏輯中的換質換位。間接推理即三段論法。邏輯主要是講推理；講概念、判斷，都是預備。邏輯爲什麼要接觸到概念呢？因爲傳統的講法，由日常生活中的知識概念開始，進一步再把這些概念底內容一步步抽掉，此即形式邏輯(formal logic)。傳統邏輯最難講，因其與知識論存有論牽連在一起，都把人弄糊塗了。尤其現在學習高度科技化的符號邏輯的人，就愈討厭這些東西。他們討厭概念、判斷、推理這些詞語。尤其討厭理性這一個詞語。「理性」一詞，對他們來說就是玄學詞語。這就是現在人講學問之心態。專家只會演算符號邏輯，電腦(computer)弄得很熟，因爲電腦是根據符號邏輯而來。至于概念、判斷、推理、內容、外延、本質這些都是哲學詞語或形上學詞語。他們討厭這些東西。但是我們的平常思考都運用普通邏輯，可以說沒有超出這個範圍。每一概念代表一個概義，每一判斷形成一個客觀的知識。判斷即表示知識，故康德以判斷爲線索，反省地了解知性的能力所提供的形式性的概念。康德拿邏輯中之十二個判斷，做爲發現形式概念，先驗概念之線索，也即根據這些線索來發現知性底純粹概念（pure concept），純粹即無一點經驗成份的夾雜在這裡邊。純粹概念就是法則性的概念，這些一定是先驗的。故就在知性能力本身這個地方找其發源地，找其出生地，但我們由知性能力處找就一定要有線索，此即邏輯中之判斷。

邏輯中之判斷有十二種，分成四類，每類有三目，故共有十二種判斷或命題，如下：

Ⅰ量（quantity）：
1. 全稱命題（universal proposition）：凡S是P
2. 特稱命題（particular proposition）：有S是P
3. 單稱命題（singular proposition）：特指此S是P

但在形式邏輯中，單稱命題無獨立的意義，可以化歸於全稱或特稱，但以知識看，則三種是不同的。

Ⅱ質（quality）：
1. 肯定命題（affirmative prop.）：S是P
2. 否定命題（negative prop）：S不是P
3. 無定命題（indefinite prop）：S是「非－P」

但在形式邏輯中，第三種無限或無定命題也無獨立的意義，可由換質而化歸於否定命題，否定與無定是互通的。但在知識上三種各有不同的意義。

Ⅲ關係（relation）：
1. 主謂命題（predicative prop.）：S是P
2. 假然（條件）命題（hypothetical prop.）如S則P
3. 析取命題（disjunctive prop.）：或S或P

Ⅳ程態（quantity）：
1. 或然的（problematic prop.）：今天或可下雨
2. 實然的（assertoric prop.）：今天下雨
3. 確然的（apodictic prop.）：今天定下雨

判斷有這十二種，構成這些判斷都需要形式概念，如全稱肯定，全稱否定，特稱肯定，特稱否定等等，都要靠 all, some, is, is not 這些字。關係判斷則靠「if … then」、「either … or」這些字。這些字在邏輯中之作用極大。這一類字羅素稱之謂邏輯字 (logic word)，這些可以說是虛字，由此而構成邏輯句法 (logical syntax)，此如自然語言中之虛字。由于句法不同，遂形成各種推理，如定言推理，假言推理，析取推理等。構成邏輯句法的那些邏輯字。加那普 (Carnap) 名之曰「構成規律」(Rule of formation)。此句法與彼句法間之關係，即由前提達到結論之推理，例如三段推理，加那普稱之爲轉形規律 (rule of transformation)，即如何能由這一句法轉到另一句法之規律。邏輯字是我們的知性之邏輯運用所產生的形式概念，此等形式概念可名之曰邏輯學中的形式概念。康德即以此爲線索來引生先驗純粹概念，即形式性法則性的概念，此則康德名之曰範疇，亦即超越邏輯中的存有論的形式概念。

故剖解知性之能力可以提出兩套的形式概念，一套爲邏輯之形式概念，此即一切，有些，是，不是，或，如果則等。另一套即康德之範疇，爲先驗的純粹概念，由西方哲學史來講爲存有論之形式概念。爲什麼稱之爲存有論的呢？因爲傳統之存有論正講的這些概念。但沒有人把這些概念收到知性能力上來講。由知性能力來發現它們，是由康德開始的。但不管怎樣講法，存有論就是講的這些概念。這些概念涉及對象，對對象有所決定，決定對象之量、質、關係等方面。康德由剖解知性而成的概念底分解就是要分解出存有論之形式性概念。對于形式邏輯中的那些形式概念，他沒有講，嚴格講，分析得不太夠。形式邏輯中的形式概念，對對象無所決定。現在人講知識論或講邏輯可以承認有些先在的概念，亦可以承認邏輯字所代表的虛概念可以由知性發，但康德所講的範疇也從知性發，現代人不容易了解。

說存有論的概念如常體，因果，交互，一，多，綜，實在，虛無，限制（範圍）等也從知性發，他們不能贊成，認爲這是主觀主義。他們總認爲因果性是客觀的，故爲實在論。但其實認爲是主觀的由休謨始，休謨批判因果性而認爲不是客觀的，其爲客觀的不能被證明，這是很嚴重的問題。康德就由休謨之致疑，遂把那些存有論的概念收于知性上講，但不能承認休謨之習慣聯想之說法。一般人不能了解，說之爲主觀主義。形式邏輯中的形式概念，邏輯字所示者，由知性發，很容易接受，由此可以引至實在論。但範疇也是由知性發，則不容易了解，由此就不能引至一般的實在論，如英美式的實在論，而卻是引至康德之「經驗的實在論」與「超越觀念論」。

存有論的概念由知性發，此可名曰「知性之存有論性格」(ontological character of understanding)。形式邏輯中的形式概念由知性發，此可名曰知性之邏輯性格 (logical character of understanding)。形式邏輯中之形式概念都是我們的思考之邏輯運作所形成，說它們都出自知性這是很容易被了解的。我們的思考活動都要遵守這些。它們並非是天造地設的，不是擺在外邊的現成物，故易接受。但知性要服從這些存有論的概念而且這些又是由知性本身發，此即知性之存有論性格，此則不易了解。

以前我就不懂，當時我寫「認識心之批判」時，我就認爲由形式邏輯中形成判斷的那些邏輯字並不能跳到存有論的概念。康德也不說直接跳過來，他是把它們當做一個線索，做線索而可以引至這些存有論的概念。但也不是由線索直接引過來，要靠一個原則來說明，這就很困難很麻煩。因此當時我就單單分解知性之邏輯性格，而我單由此分析也可講成一大套，因而可適應現在人的思想，也即實在論的思想，因當時我還未了解到知性之存有論性格。我以爲這樣我們可把實在與知性之形式概念分開使後者不擔負過重，因此我不能贊同康德的「知識可能之條件即知識對象可能之條件」之主張。康德之這一主張即是「知性之存有論的性格」。

但我們現在要如何來了解知性之存有論性格呢?這不是一下子就可以了解的。

以邏輯判斷爲發現範疇之線索，此步工作在康德純理批判之第二版修改文稱之曰「範疇之形而上的推證」(metaphysical deduction of category)，此類比時間空間之形而上的解析 (metaphysical exposition of space and time)。在此，「形而上」是借用語，形而上的解析或推證，意指這些東西是先驗地有的，不是從經驗來。凡是先驗而有的東西，始可以給它形而上之解釋或推證。推證 (deduction) 一般譯爲推演，在此譯爲推證。範疇不能由知性直接分解出來，必須要有線索，而且要有一個超越的原則，一步步才能推證到這個地方，證明其爲先驗地存于知性中，因此稱此推證爲形而上的推證。

譬如說在中國哲學中，孟子言性善的那個性，如孟子言：「我固有之也，非由外鑠我也」。這個「性」是先驗而有的，對于這樣先驗而有的心性可作形而上的解釋，說明其爲先驗而內在的。對王陽明所說之良知也可作形而上的解釋，即說明良知之先驗性，本有性。王陽明之言良知有種種說法，我們可以把這些話頭分開看看那一類話是形而上的解釋，那一類話是超越的解釋 (transcendental exposition)。康德對于時間空間既有形而上的解釋，又有超越的解釋。有這些詞語的使用可使我們對中國哲學中的重要概念有恰當的了解。超越的解釋是說明：如是這般先驗而有的時間空間對現象，對數學知識有何作用？以中國的詞語，超越的解析是用的解析，形而上的解析是體的解析。對範疇也是如此，形而上的推證是說明其先驗而有，非由經驗而來；超越的推證則說明如此這般先驗而有的範疇，對我們的知識，我們知識的對象（現象）有些什麼決定性的作用。故對範疇有兩種推證，一個是形而上的，一個是超越的，形而上的推證是體，超越的推證是用。康德說明範疇有這兩個推證。這兩個推證被作成，則知性之存有論的性格即完成。但這存有論的性格卻很難了解，好像是服人之口不足以服人之心。我以前就不能了解，近年來我才漸漸了解。我首先說明我們的知性之邏輯的性格，然後再進一步說明其存有論的性格。知性之存有論性格是很難了解的。這牽涉非常多，而且很深奧，也牽涉到康德之現象與物自身之意義等，這些都要了解才能了解知性之存有論性格，憑空講一定不能了解，一定是實在論，一定斥康德是主觀主義。假如能了解佛教的識與智之對翻以及不相應行法，則對知性之存有論的性格就比較容易了解，把握。單依西方傳統，不易了解。故康德哲學影響那麼大，沒有人不讀，但卻很少人能贊成他，承認他。他的知性之存有論的性格此一主張很難令人信服，即服人之口不能服人之心，尤其現在人不了解康德，都反對康德，由此就可知這裡邊之困難。康德眞有見識 (insight)，康德講這一套眞有其哲學的洞見 (phylosophical insight)，普通憑空絕不能想到這裡，所以我們都了解錯了。這裡我把眉目，疑難與障礙大略提出來，以期能有眞正的了解。我在「現象與物自身」一書中有詳細而浹洽貫通的表述。

第十一講　範疇之發現：知性之邏輯的性格與存有論的性格

由知性我們可以發現一些先驗概念來決定對象，決定感性給我們的現象。我們怎麼來發現這些先驗概念？以什麼作線索呢？由普通邏輯中的判斷作線索。傳統的講法，判斷分成四類，每類下有三目，故共有十二種判斷，不過那只是邏輯中的判斷。每一判斷皆由邏輯字而構成。由這些邏輯字作線索，可以引到先驗概念即範疇。

譬如說由量的判斷有三種：全稱，特稱（偏稱），單稱等，構成全稱判斷的邏輯字爲一切(all)，特稱的爲有些(some)，單稱的爲一個(a, an)。一切，有些，一個這些都是屬于量的邏輯字，這些邏輯字不一定與存在有牽連，而完全是我們邏輯思考中的運用，此完全是虛的，與所述的對象無關。由此等邏輯字，通過一超越的原則，可以引申出知性中的先驗概念，康德稱爲範疇，也即純粹概念(pure concept)。由全稱判斷引申出「總體性」(totality)，由特稱判斷引申出「衆多性」(plurarity)，由單稱判斷引申出「單一性」(singularity)，這些是量方面的範疇，即總體、衆多、單一、簡稱一、多、總。這些量方面的範疇，先驗概念，一定涉及對象，對對象有所決定，決定的是其量方面的普遍性相。每一個東西都有量的一面，決定「對象之量」的範疇，以哲學詞語言之，即爲存有論的概念 (ontological concept) 之屬于量者。這些是實的，此不能當作邏輯字看，邏輯字是虛的。我們知道外在的對象大體有量、質、關係等三方面的性質，這些都是存有論的概念所決定的。

質方面的邏輯判斷有肯定、否定、無定等。肯定命題的邏輯字爲「是」，否定命題的爲「不是」，無定命題的爲是「非a」（負a）。與之相對的範疇，也即引生出來的先驗概念，爲實在性 (reality)、虛無性 (negation, nothing)、限制性 (limitation) 三概念。限制性代表一個由實在與虛無之間所成的存在之限制。此三種爲質的範疇。此三種存有論的概念，對對象之「質」有所決定。第三種爲關係方面的，這方面的邏輯判斷有主謂、條件、析取等三種命題。由主謂的謂述命題（亦稱定然命題）引發「本體屬性」的範疇。主詞 (subject)，謂詞 (predicate) 爲邏輯字，邏輯字只是構造句法的方便字。但由主詞引發到本體 (substance)，本體爲存有論的概念，有本體就有屬性 (attribute)，謂詞與屬性又不太一樣，但兩者常相呼應，吾人言本體一定有隸屬于本體的東西。條件命題 (conditional proposition)，其式爲如果…則 (if … then)，也稱假然命題。「如果則」爲最重要之邏輯字，由「如果…則」之邏輯字引發到因果性 (causality) 之存有論概念。還有析取命題 (either … or)，亦稱選替命題，由此引發到「交互性」之存有論概念。除以上量、質、關係三類外，還有一類名曰程態判斷，此即或然，實然，確然，由此而引申出可能不可能，存在不存在，必然與偶然三種程態範疇，此則與前三類不同層次。茲把此四類整理列表如下：

判斷（命題）		邏輯字	範疇
Ⅰ量：	全稱	凡（all）	總體性
	特稱	有些（some）	衆多性
	單稱	一（a or an）	單一性
Ⅱ質：	肯定	是A（is A）	實在性
	否定	不是A（is not A）	虛無性
	無定	是非A（is "non-A"）	限制性
Ⅲ關係：	主謂（subject, predicate）		本體屬性
	條件（如果…則，if … then）		因果性
	析取（…或…，either … or）		交互性
Ⅳ程態：	或然（problematic）		可能、不可能
	實然（assertoric）		存在、不存在
	確然（apodeictic）		必然、偶然

要了解邏輯字與存有論概念之不同，例如主謂式命題，不管其主詞謂詞的內容，只管主詞謂詞的關係形式，由此引發本體與屬性之範疇。本體意即不管是什麼東西它後面總有基體(substance, substratum)來支持，在外部現象界大體是物質本體(material substance)。其次如

條件關係命題的「如果…則」(if … then)，這個邏輯字對對象方面沒有態度，把其內容完全抽掉，而回到思想運用的程序或方式本身，由此而構成純形式的推理，這就是形式邏輯 (formal logic)。這種發展是一了不起的大事，還要高度的抽象思考。由亞里士多德開始，西方人在此方面很有成就而達到很高的境界。中國人在這方面很差，因爲要了解這些要有抽象的頭腦，中國人在此方面的興趣不高，因中國人的思考大體是取具體的方式。形式邏輯看起來枯燥無味，好像没有什麼道理，其實大有道理。

由條件 if … then 之 if 這邏輯字而引發存有論的概念 cause（原因），由 then 引發 effect（結果）。但在邏輯中之 if 只指表一個根據 (ground) 或理由 (reason)，then 則指表一個歸結 (consequence)，故 if … then 之間的關係爲根據歸結 (ground-consequence) 之邏輯關係，亦稱「因故關係」；而由此引發原因與結果之存有論的概念，這卻是指表一物理的關係或事實的關係 (physical or factural relation)。這兩種關係是完全不同的，這種分別對我們的思考很有幫助。

「如果…則…」，如果有什麼，則有什麼，此只表示「如…則」之邏輯關係，而如果的成立不成立是另一個問題。這種詞語在中國的經典常常出現。如莊子就有許多這一類的話，秋水篇中：「以道觀之，物無貴賤，以人觀之，自貴而相賤；自大觀之，天地莫不大；自小觀之，天地莫不小。」這「觀」字就相當於假然或條件命題，究竟取不取這觀點則不管，因這只表示邏輯關係而非表示事實關係。

至於因果關係則爲原因與結果間之物理事實關係，例如「吃砒霜則死」是因果關係，有吃砒霜之行動，砒霜就產生致人於死之結果。那砒霜有一種力量可以致人於死。還有潑水熄火之因果關係，潑了水，水就有消滅火的力量，此爲物理關係，而與邏輯的假然條件的關係完全不同，故因果關係或因果概念爲涉及存在的存有論之概念。

還有either … or, p or q（或p或q）中之「或」字也是符號邏輯中最重要的邏輯字。以「or」連接起來就表示兩個東西可以共在，此稱爲析取(disjunction)。p or q之邏輯關係有三個眞假可能：p q同眞，p假而q眞，p眞而q假。但不能有p q同假。析取本身的意義總是有這三個可能，此稱爲相容的（不矛盾的）析取。但有時兩端相矛盾者亦可對之說或此或彼，此則只有p眞q假，p假q眞，但不能有p q同眞或p q同假，如對A與O兩者或E與I兩者說「或」即是如此，此則爲矛盾的（不相容的）析取。但只就析取本身而言，則總是相容的析取。又「與」(and)字表示絜和(conjunction)，其眞假可能只有一個，必須兩個同眞並存，不能拆開，但p or q是表示兩者可以拆開而不連在一起。因此由析取關係可以引發「交互」這個概念，由交互決定共在(coexistence)，互相共在而成一團是由「交互」這個範疇而來的，無此範疇，「世界」的概念就不能成立。

如上所舉的例子，由形式邏輯的邏輯字而引發存有論的概念，這些概念對對象有所事事，因爲要決定對象，故稱之爲存有論的概念。西方傳統之存有論的內容大都討論這些，如本體、屬性、時間、空間等。但康德把其分成感性與知性兩層。時間空間歸爲感性的形式，而存有論的概念則歸屬于知性，康德就是對傳統的存有論所討論的那些概念，經過一番批判與整理，而發現其出生地就在知性。

關係方面引發本體屬性，因果，交互這三個範疇，其中最重要的是因果範疇，因爲康德之目的乃爲了答覆休謨對因果律的懷疑而來，康德費了那麼大的工夫來建立範疇的系統，其注重點即在解答因果問題。

第四類的程態範疇也根據邏輯中程態命題即表示或然、實然、確然的命題而來。由邏輯程態判斷中之或然、實然，與確然變成存有論的概念，即爲「可能不可能」，「存在不存在」，以及「必然與偶然」，此六個通稱程態範疇。此屬于程態之範疇是對于知識判斷之係詞 (copula) 有所評估，對對象本身之內容無所涉及。與前三類不一樣，層次不同，性質也較特殊，爲更高一層，更虛一層的範疇。

故康德之十二個範疇嚴格講只有九個，量三個，質三個，關係三個，而最重要的是因果範疇，因其主要目的乃爲了解答因果問題。這些存有論的概念是知性本身所提供，不能由經驗而來，若由經驗而來就不能稱爲純粹概念 (pure concept) 或先驗的概念 (apriori concept)，此已由休謨告訴我們，由經驗都不能證明因果律，原因與結果乃由我們的想像加上去的。我們看不到一個東西叫做原因。原因依羅素爲描述詞 (descriptive term)，而不是指物詞，只是描述一種狀態，如生死。不像杯子那樣是指物詞，生死不是指物詞，因沒有一個東西叫生或死。故維特根什坦說過一句很漂亮的話：人天天怕死，但其實沒有人過過死。我們都是過著生活，不是過著死。既沒有過過死，則怕死嚴格說來是沒有對象可怕的。「死」不是指物名，乃是描寫一種狀態。如此這般的狀態，我們把它總起來，姑妄言之曰生曰死。姑妄言之，康德正式說這是我們的思想加上去的，綜合上去的，並不能由諸狀態概念分析出來。

什麼是描述狀態？依傳統的講法，「吃砒霜死」是因砒霜有祕密的力量，可致人于死，但休謨認爲根本無此祕密的力量，我們對此祕密之力量並無印象 (no impression)，因而也無知覺 (no perception)，故祕密之力量是假的，是虛妄的概念。能產生某種結果之力量沒有了，找不到了，于是原因變成一種狀態，死也是一種狀態。吃砒霜爲一件事，結果產生與我們腸胃不諧調相衝突的狀態，于是胃腸破壞而死，死豈不是一種描述詞嗎？此描述詞不是指物詞，指物詞依羅素爲個體名，稱之謂完整符 (complete symbol)，描述詞則無獨立性而可以拆掉，稱爲不完整符 (incomplete symbol)。生死這一類的概念都是這樣的。休謨乃由經驗主義的立場把因果關係破壞而成了懷疑論，虛無主義。可是若無因果關係，經驗知識（科學知識）就變成毫無根據了。康德說的那一套乃爲了說明經驗知識之可能性，而救住並保住了科學知識。以邏輯分析的立場，因果生死是描述詞，是不完整符，結果可以拆掉。但休謨說這些乃由主觀之想像、聯想、習慣加上去的，由主觀的想像聯想加上去的一轉不就是康德的先驗綜合嗎？而這個加上去的綜合既非由經驗而來的，故爲先驗的綜合 (apriori synthesis)，蓋因果關係不但不能從經驗找到根據，得到證明，反而被消解被瓦解，休謨以心理學的主觀聯想來解釋因果關係的來源，而康德則以知性的先驗綜合爲其根源。

依康德，因果常體等這些存有論的概念所代表的綜合都是先驗的 (apriori)，都是我們的知性活動所加上去的，這個想法很有意義。這樣康德的這一套思想不是與休謨一樣了嗎？其實不一樣，休謨是發端，純爲主觀的講法，視因果法則完全爲主觀之虛構 (subjective fiction)，那才是完全的主觀主義，而以因果間之必然性只是主觀的必然性，沒有客觀的必然性，沒有理性上的根據。康德言先驗的綜合，似乎與休謨差不多，故康德很重視休謨，雖然康德不贊成他由習慣聯想而來的經驗的說明，但是他思想的方向是由休謨轉過來的，而康德要從知性的概念上證明因果之聯繫有客觀的必然性，這樣的必然性是客觀的必然性，這就不是休謨的心理主義對因果關係的看法。休謨與康德的思想之主要脈絡是如此，輕重差異之處要弄清楚。

這樣在發現存有論概念之過程中，一方面爲邏輯字，一方面是存有論的概念，這兩套可互相平行，但不能同一化 (identify)，故康德也只以邏輯命題爲線索，再依知識論的超越原則而引到範疇。因範疇之出生地是知性本身，故這種概念有綜合性，也有客觀必然性，因這種概念爲純粹性的，先驗性的。

十二範疇，量方面有單一性、衆多性、總體性；質方面有實在性、虛無性、限制性；關係方面有本體屬性、因果、交互；程態方面有可能不可能、存在不存在、偶然與必然。此四類的概念是涉及存在的，對存在有所決定。當使用每一個純粹概念去決定現象時，現象就有此概念所決定成的定相，當以純粹概念，存有論的概念，去決定杯子的時候，由杯子來說，杯子就有由這個概念決定出來的定相。這是落在杯子上來說。此定相如何來的呢？此乃由存有論的概念來對杯子所成之決定，以存有論之概念去決定它，它才有這個定相。我們分析地說，生死等乃是一種描述狀態，我們把其總起來謂某某爲原因，某某爲結果。但若從知性底超越活動而言，事物之原因相乃根據原因這個概念而決定成的現象方面的定相，所以康德最喜歡用決定 (determination) 這個字。決定即以存有論概念去決定之，以那一個概念去決定，現象就有那一方面之定相，所以康德之 determination 若落實于現象上說，可譯爲定相。

在此，佛教言「相」，遍計所執相。唯識宗言三性，依他起性，遍計所執性，圓成實性。遍計所執性乃就執相講，八識中任何一識皆有執著性。遍計所執性，遍是周遍，計是計度衡量的意思，此乃特就第六識說，第六識才有遍就一切現象加以計度衡量而執著之特性。識有此執著性，它所執著成的就是相，所以由主體方面言，說識之執性，由所執方面言，說所執相。佛教言「相無自性性」，定相是一種執著，依康德乃由存有論之概念決定而決定成的，若存有論的概念拉掉了，定相就沒有了，此即佛教所言之相無自性性，相之特性即「無自性」，意即它是沒有自性的，純是虛妄。若有自性，就不能去掉了。這是佛教的詞語，這與康德所說的定相，由先驗概念而成的定相，只適用于現象，不適用于物自身，意思是相通的，可是兩者所引起的心理反應大不相同，其實是一樣的，換換詞語罷了。

由遍計執言「相無自性性」，就依他起性說「生無自性性」。依他起就是言一切東西依因待緣而生，依靠旁的東西而生起，那生起之生無自性，故依他起乃單就生而言，也可說單就因果而言。如前所說，生是一種狀態之描述，說實了，是不可理解的，故中觀論云：「諸法不自生，亦不自他生，不共不無因，是故知無生」，此即爲「生無自性性」。生滅都是一種執著。因此，生滅、常斷、一異、來去、都是執相，都可以說是「無自性」的相。這是定相是怎樣來的呢？根據康德來了解，是通過存有論概念或範疇之決定而成的，在佛教則是屬于「不相應行法」的。不但是生滅常斷等，即現象之性、相、體、力、作、因、緣、果、報等也是些定相，凡此俱在康德所說的範疇與時間空間之範圍內。在此佛教可以幫助我們了解康德，康德的說法太生硬，佛教較有黏合性。因、果、生、死都是描述詞，都是羅素所謂之不完整符（incomplete symbol），可以拆掉，但康德並不言可以拆掉，他並無此思想，但他說這些概念只能應用到現象上去，不能應用到現象以外的 noumena 如物自身。因爲我們只對現象有知識，對于物自身無知識。康德是要說明科學知識所以可能之根據的。他以爲科學知識是一定的，他不像儒釋道三教那樣，視科學知識爲可進退的，可以讓它有，也可以讓它無。如果需要它，它就有，不需要它，它就沒有，此是東方人的思想，康德則不能說它可以沒有。人類的知識是定然如此的，那些存有論的概念在那方面可以應用，在那方面不能應用。可以應用處就有知識，不能應用處就無知識。有知識處就有現象；沒有現象就是沒有科學知識。在西方人看，科學知識是一定的，不能說它可以進退。但中國人不這樣看，就是西方人也不完全這樣看，如第十七世紀的來布尼茲就視科學知識爲 confused perception，這個名詞也很令現代人吃驚。依東方思想如佛教，在什麼情形下可以把它拆掉呢？曰：在般若智觀照之下，即可把它拆掉。即是說，般若智一呈現它就沒有了，即在實相般若呈現之下它就沒有了。實相般若智照諸法實相，「實相一相所謂無相即是如相」，在這個境界，範疇沒有了，遍計所執的那些定相也沒有了。可是因爲康德思想中無般若智一觀念，康德不承認人類有「智的直覺」（此相當于般若智），所以他不能說人可以去掉識知，去掉範疇乃至範疇所決定之定相。可是佛教就是要講般若智，要轉識成智。講唯識，講八識，並不是要肯定它，而是要轉化它，不轉化它怎麼能成佛呢？轉識成智你才能成佛，否則你是在生死海中頭出頭沒，因爲那是無明。這個思想在東方人是家常便飯，就是在儒道兩家也很容易了解。西方人沒有這個思想，西方人聽見這些眞是聞所未聞，此即東西文化之不同所在，根本差異之處。

康德所言之感性、知性乃至于理性（思辨的理性），在佛教言都是屬于識，但依西方人看來人類就這樣，怎麼轉呢？轉之使其成爲非人嗎？可怕得很，不能轉。但中國人在佛教就要轉識成智。儒家王陽明講良知，在良知處，這些也就没有了。爲什麼不能超轉呢？西方没有轉的觀念，没有般若智之觀念，也没有實相般若的觀念。般若智這種智在康德的系統是什麼呢？在他的系統即屬于智的直覺(intellectural intuition)。康德不承認人類有此「智的直覺」，他認爲人所具有的直覺都是感性的(sensible)，那裡會有非感性的直覺呢？上帝才有這種智的直覺。他把這種直覺以及這種直覺之境界，擺在上帝那裡，但東方人則認爲人類就有，擺在我這裡，這也是大差別點。我没有轉的時候，康德所說的都對，我們的直覺都是感性的，但當轉識成智的時候，在實相般若的時候，那感性的直覺就轉成智的直覺。智的直覺通過我們的修行，可呈現到我們人類的心靈來，假如不能呈現，我們怎麼能成佛，成佛根本不可能，這不是成了個重要的問題嗎？假如說成佛不可能，我們没有般若智，這樣佛教非跟你打架不可，這不是成了重要的論點嗎？

照康德之說法，我們只有感性的直覺而無智的直覺。所以照他看來你們東方人所想的都是妄想。究竟中國人想的是不是都是妄想呢？

因爲佛教有實相般若，在般若智之觀照之下，照察諸法實相，什麼是實相？實相就是一相，一相就是無相，無相就是如相，這個如相之境界，實相般若能朗然呈現之，此在康德之系統就是「物之在其自己」(thing in it-self)，所以以前譯物自身爲「物如」是很對的。依康德在物自身處無時間空間相，時間空間不是物自身之條件。物自身也沒有十二範疇之定相，因爲範疇也不可能在這裡應用，所以物自身也就無這些定相了，此即「實相一相所謂無相即是如相」。可是在佛教言，此如相是朗然在目，但在康德只是彼岸，那根本不可知。有感性、時間、空間、範疇等才有知識，這是科學知識，經驗知識。所以在康德承認人類只有一種知識，此即經驗知識 (empirical knowledge)，科學知識 (scientific knowledge)；而中國人則承認有兩種知識。佛教在維摩詰經有：「不可以智知，不可以識識。」識知即科學知識，「以識識」就是可以用我們的識去了別的。實相就是以般若智來照察的。維摩詰經還有另一個境界，在不二法門時，識知固沒有，即智知也沒有。此並不是反對般若，只是一如而已。由此可知佛教承認有兩種知識，即智知與識知。康德只承認一種，即識知。在儒家也承認有兩種，即見聞之知與德性之知。在道家也承認有兩種，即「爲學日益，爲道日損」，爲學與爲道之知根本不同。依康德智知在上帝才有，人類沒有。但佛教認爲般若智可照察諸法實相，實相一相所謂無相即是如相，所以中觀論所言之「不生亦不滅，不常亦不斷，不一亦不異，不來亦不去，」此即緣起八不，此乃就緣起法講。若就緣起法而言，當該是「有生有滅，有常有斷，有來有去，有一有異」，但爲何又言八不呢？這不是互相矛盾嗎？至少也是弔詭。中觀論開頭就說八不緣起，就緣起法而能說「不生不滅，不常不斷，不一不異，不來不去」，此是在般若智之下說的話；若般若智不呈現，在識的作用下，正好是「有生有滅，有常有斷，有一有異，有來有去」。那麼「生滅常斷一異來去」這八相，即八種執相，即偏計執所執成之定相，根本就是相無自性性，故般若智一照，那些相都沒有了。那麼那八相能不能脫離康德所講之時間空間與十二範疇所決定之範圍呢？不能脫離的。就生滅言，沒有時間怎麼有生滅呢？因果這個關係如不在時間內怎麼可能呢？時間在康德系統內是多麼重要！一切都要在時間內表象，時間是其底子。生滅常斷，常就是本體，常住。斷就是虛無（negation）。一異來去，一是單一性或同一性，異是衆多性或差別性；來去爲運動相，運動不能離開時空。假如肯定八相，這是在現象範圍內的識知之事，而實相般若則把它們化掉。在此，時間空間十二範疇以及定相也沒有了。

十二範疇即康德在知性處所發現的先驗的概念，存有論的概念，這些概念之作用，就在決定這些定相，我們就通過這些定相來了解外物。每一個定相就是 determination，每一個 determination 就是代表一個普遍的徵相（universal characteristic）。本體可以決定杯子常住不變，任何東西都有其常住性。至于量性、實在性、虛無性、因果性等等都是一些普遍的徵象。

由此說明就可看出範疇之作用唯在成功定相。這一步發現範疇之工作就稱爲對範疇之形而上的推證（metaphysical deduction of category），形而上的推證就是類比「時間空間之形而上之解釋」而言的。形而上的推證是說明這些概念是先驗而有的，不是從經驗來的。凡是先驗的東西才可以有形而上的推證，不是先驗的就不能有形而上之推證。這一步工作是發現範疇之線索裡的工作，稱爲形而上之推證。其意即說明範疇之存有是先驗而有，此即範疇之先驗性的說明，即說明範疇如何出現，如何實有于吾人之知性中。我在這裡說明其大意，其內容很複雜，裡邊有些可商討考量之問題，如邏輯之十二判斷有無必然性，是否可作爲尋找範疇之線索等等。

下次言範疇之超越的推證，此乃類比于「時間空間之超越的解釋」而言的，也即是範疇之用的解釋。形而上推證是範疇之體的推證。範疇之超越的推證是範疇之用的推證，此就是說明我們如此發現之存有論概念、範疇，如何可應用到現象上來，如何落實下來，而有客觀的妥效性 (objective validity)。因爲這些概念是由知性發出來的，不是感性給予一現象這種「感性給予」之條件。感性是在時空條件下給予一現象，但不在這些概念下給予一現象。那麼這種純粹概念如何能應用到由感性而來的現象上去？這上一層的東西如何能落實下來呢？這是康德分解部最精彩的一章。當時他寫這一章最費力氣，因從來無人作這一步工作，第二版重新寫，其意思大體與第一版相同，但比較更緊嚴而完整。

但爲什麼要作這超越的推證呢？就是爲了講現象與物自身之意義與分別。他在此推證裡，由主體講我們感性的直覺與上帝之智的直覺相對比，我們的辨解的知性 (discursive understanding) 與上帝之直覺的知性 (intuitive understanding) 相對比，這是由主體方面之能力來做對比。至于主體之對象即是現象與物自身，這些都是與主體機能互相對應的。講了這些大概就可以了解康德之主要精神。

東方人對這套義理，儒釋道三家有什麼看法？這些義理就是「一心開二門」；這個架子落實就是康德的經驗實在論與超越觀念論。這樣意義之「一心開二門」才能與中國哲學相會合。

第十二講　範疇之形而上的推證與超越的推證

範疇之形而上的推證 (metaphysical deduction of category) 表示範疇之先驗性，先驗地存有于吾人之知性中，其出生地在知性本身；進一步言範疇之超越的推證 (Transcendental deduction of category)。「推證」亦言「推述」，此非邏輯三段推理中之演繹，乃法院推事之推，也有證明的意思，故言推證。超越的推證則在證明範疇如何有客觀的實在性 (objective reality) 或客觀妥效性 (objective validity)。法院之推事審查你申請一個要求，先看看此要求在法理上有無根據，若無，則此要求就被取消。範疇本由純粹知性發，它如何能有客觀妥效性？這需要推證。此正如推證一個要求是否在法理上有根據。

所以問題即在：由知性發的純粹概念如何能有客觀的妥效性？爲什麼有這個問題呢？此有個理由，因爲知性之作用是思考對象，思考就是 thought，thinking。思考的對象是感性給我們的，對象呈現給我們是要通過感性的，感性呈現對象給我們是在時間空間之形式下呈現給我們，並不是在範疇之條件下呈現給我們。既然不在範疇之條件下呈現給我，那麼呈現給我的東西可以不接受範疇之決定，你決定是決定，它不接受怎麼辦？

這樣範疇與對象間的關係是拉開了。既然拉開了，這個現象很可以有這樣的構造，即那些範疇沒有一個能用得上，那怎麼辦呢？如本體屬性這個概念也用不上，原因結果這個概念也用不上，它的構造就很特別古怪，就似有魔鬼搗亂一樣，看看原因結果這個概念可以套上，但一會兒又套不上。呈現給我們的對象很可以是亂七八糟的，也很可以是有秩序的，但那個秩序也可以不是合乎我們範疇的秩序，那麼這個範疇的秩序也可以用不上。換言之，感性的直覺作用與由知性發出之思考的作用，這兩個作用拉開了，此即表示此兩者是完全不同性質的，完全是異質的，因爲完全是異質的所以才有這個問題，即：由知性提供的純粹概念如何能落實下來，落到這個粉筆上？落下來就有客觀實在性，也即有客觀妥效性。假如落不下來，儘管說它們是由主體而發，那也只是空觀念，只在腦子裡邊，落不下來就沒有用，所以問題即這些由知性發的純粹概念如何能落實？能落實才有客觀妥效性。因爲有這個問題才需要有推證，此爲超越的推證 (transcendental deduction) 之工作。

如何說超越？因這些概念乃先驗地爲知性所發，非由經驗而來，所以我們要給它推證，這推證不能訴諸經驗，以經驗來說明是不行的。譬如說對這些概念也可由經驗來說明，這些純粹概念似乎由經驗上來看也可以看到徵兆一樣，也可以看到一些樣子，洛克（經驗主義的祖師），就是作這個工作，他通過反省 (reflection) 的方法，由簡單的觀念一個一個連起來一直到抽象的概念如本體屬性，因果，量等等，這些抽象概念，他都可以通過經驗的根源來說明。但康德說你這經驗的說明不是它合法權利的推證，這只是說在經驗中可以找到一個例子，可以找到例子就表示這些東西早已經有了，所以此不能算是超越的推證。而且由經驗上來說明，到休謨一出來，他就順著這個路子，他說因果不能被證明，他說本體，屬性，因果這些抽象概念不能由經驗來說明，由經驗找不到的，就被推翻了。所以這個問題不能以經驗的說明來代替超越的推證。假如有推證，那一定是超越的，因爲這些概念是先驗地出現的，先驗地存有于知性中。假如是由經驗而來才可以作經驗的說明。不是從經驗來，所以推證一定是超越的，即推一推如何證明它可以落實，如何可以落實到感性所呈現給我的粉筆上。要能落實，這些先驗概念必須被視爲是經驗可能之條件。我們了解一個對象由感性起，這就是經驗。感性把粉筆呈現給我，通過感性我們才對粉筆有一點知識，此稱經驗的知識(empirical knowledge)。例如說粉筆是圓錐形的，是白色的等等，這就是所謂經驗(experience)，經驗就是經驗知識，每一個經驗就是一個經驗知識。經驗知識如何可能？它所以可能一定要靠一些條件。經驗知識所以可能之條件即經驗所以可能之條件。簡言之，要成一個經驗知識，要成一個客觀知識，除需要有一個東西在時間空間條件下呈現給我以外，還一定要在範疇這些先驗純粹概念之條件下才能完成一個經驗，才能成立經驗知識即客觀知識。假如不在範疇之條件下，經驗可以不代表客觀知識，如心理上的經驗，如問你對一件事有何觀感，你說我昨天晚上作夢，夢見了地球要崩潰，這是我對于地球的經驗，你這類經驗純粹是心理的(Psychological)，不能代表客觀知識。還有些心理的經驗，如問你你看到了上帝沒有，有，我昨天晚上看到，這種經驗是心理經驗，此不能代表客觀知識。康德說經驗即經驗知識，而經驗知識就是科學知識，一說知識就有客觀意義，而知識之所以能有客觀性一定要靠這些純粹概念（範疇）所代表的形式條件。

簡言之，問題就是這些形式條件如何落實？答覆是，必須把這些形式概念視爲經驗可能之條件。當說經驗可能性之條件的時候，康德還加上一句話，「經驗可能性之條件同時就是經驗對象可能性之條件」，此兩者是拆不開的，合在一起的，即這些條件主觀地講，形成我們的知識之條件，同時客觀地講，也是經驗所知道的對象之成其爲對象之條件，這條件是兩頭通的。這句話一般人聽起來不很高興。我們可以先把其分開，經驗可能性之條件不一定是經驗對象可能性之條件，但康德卻不分開，所以這句話，若不完全了解其全部的意義，你馬上就起懷疑，說這句話成問題，我不能贊成，因爲這句話也是我們平常說「康德的主張是主觀主義」之根據，所以憑空孤立地看這句話是不行的。

我前說知性有兩套概念，一套是邏輯中的形式概念，也就是邏輯字，另一套就是存有論的概念，就是範疇。康德說經驗可能性之條件即經驗對象可能性之條件，就是指這些存有論的概念講。假定講形而上的推證的時候，我們由知性直接所首先發現的是純粹邏輯中的形式概念，此不同于存有論概念即範疇，那麼就是說我們發現不到範疇。而邏輯中的形式概念只可以說是經驗可能性之條件，並非經驗對象可能性之條件。這一點需注意。如 all, some, or, if … then, is, is not 等這些邏輯字是造成邏輯句法的虛字。但本體屬性，因果，眞實，虛無等這些是存有論性的概念，這些是涉及存在的。所以當該有兩套。依邏輯字那一套講就是實在論，經驗可能性之條件不是經驗對象可能性之條件，這是可以拉開的。我的「認識心的批判」就是充分說明這一義。當時我不能了解知性之存有論性格。知性有兩種性格，康德所講的是知性之存有論性格。我依照邏輯字，假定只照邏輯字講，是知性之邏輯性格 (logical character of understanding)。我依照邏輯字，我才能作邏輯的思考活動。我之思考活動本身之條件並不一定是我所思考的對象之可能性之條件，這兩者不是分開了嗎？我的思考活動要遵守同一律，矛盾律，排中律，這些都是邏輯法則，不管我是思考什麼東西。但我總不能說我思考活動本身可能性之條件同時就是我所思考的對象底可能性之條件，這兩者不一樣，所以知性有這樣的兩種性格。知性的邏輯性格容易了解，存有論性格不好了解。但這是康德建立其全部系統的「關鍵」，而這個「關鍵」一般人都把握不住，所以覺得他每一句話都成問題。事實上若完全通透了解這個「關鍵」，那麼他的每一句話一點問題都沒有。

範疇既然是存有論的概念，而從知性本身發，那麼知性具有存有論的性格這是很自然的，問題是此存有論性格如何來了解？如何使我們信服？既然有此性格，則經驗可能性之條件同時即是經驗對象可能性之條件，這是可以說的。換言之，我們要完成經驗知識，固然要在這些條件之下，而經驗知識的對象也要同樣在這些條件之下才能成其爲對象。這個主張背後實有一個「識見」在支持。但是這個識見，只是從康德本人的一大部書裡不容易看出來。全部內容通透了以後，自然可以看出，但在其辯說的過程中很難看出，好像是服人之口不能服人之心，所以康德之哲學很難了解的原因就在這裡。康德哲學在這兩百多年間，沒有人不念他的哲學，但完全了解他的人究竟很少，最後的關鍵就在這個地方，就是在這個「識見」。初看，經驗可能性之條件與經驗對象可能性之條件，本來是不同的，但在他是相同的。這種條件一定是必要的條件 (necessary condition)，不可缺少的 (indespensible)。此必要的條件不同于充足的條件。「無之必不然」此指必要的條件。「有之即然」是指充足的條件。有了它就行，並不表示沒有它不行，沒有它不行亦不表示有它就行。我們說經驗時，就有些條件在那裡使之可能，說經驗知識的對象時，這些條件亦在這裡使之可能。知識可能之條件即是知識對象可能之條件，這是超越的推證之最後的結論。知性是高一層的，感性是低一層的。感性與知性之活動完全不同，感性呈現給我東西是在時間空間的條件下呈現之，並不在範疇之條件下呈現之，也不需要在範疇之條件下呈現之。這樣就拉開了。開始時是為了說明為什麼需要超越的推證這一步工作，所以才這樣拉開，這拉開似乎煞有介事。拉開的時候，知識與知識對象底條件很可不同一。因此，知性概念亦不必能落實而為知識對象之條件，因而就可以有如何落實之問題。既有此問題，就需要解決，需要我作推證的說明。為了要說明這個問題，為了需要這個推證，所以才有這樣的拉開之表達上的工巧。他這樣說這個問題是完全客觀地講，即知性的這些概念如何能落實？他的答覆是它們是經驗可能性之條件，這是就這問題的客觀面講。但他要使這答覆眞正可理解，只有這樣客觀地講，形式地講是太抽象，故需具體一點講。具體地講，由知性本身的活動底可能性以及其還要靠旁的認知機能之幫助，才能做到那個最後的答覆所說的主張：經驗可能性之條件就是經驗對象可能性之條件。那麼知性本身的作用是思考（thought），所使用的是概念，故知性作用的思考都有客觀的意義。假定不使用概念來思，就是胡思亂想，不是思想（thought），就沒有客觀的意義。知性底作用是思，思考底可能性還要靠別的認知機能來幫助才能逐步落實。這樣進一步具體地說，康德稱之為推證之主觀面的工作，這面也是必然的工作，但因牽涉到心理學的成份，故容許有不同意見的表達，儘管有不同意見的表達，大體也非如此不可。知性是我們認知的機能。知性之「思」嚴格講是統思。它有概括性，它拿這些概念不只思考這個而且可以用來思全部現象界。故康德一轉就稱爲統覺底綜合作用。說知性(understanding)是一般的說法，而知性之特殊作用就是統覺(apperception)。一說統覺，就有綜合作用。知性以法則性的概念去思考對象，就是把一切現象綜合在這些概念之下。這樣去思考就是統覺，所以統覺就是知性之殊用。此稱爲統覺之綜合統一之作用。由統覺之綜合統一作用，康德就引出笛卡兒之「我思故我在」(I think therefore I am)。此「我」又稱超越的我(transcendental ego)。統覺又稱超越的統覺(transcendental apperception)。那個超越的我即邏輯的我。笛卡兒說：「我思故我在」，康德說通過我思而引出的「我在」(我之存在)，這個「在」只是「存有」(being)不是具體性的存在。所謂具體性的在，是現象性的在呢？或物自身性的在呢？假如是現象性的「在」，要靠感性的直覺，如是，這個我是現象意義的我。假如這個我是物自身性的我，這個存在也是具體的存在，這就必靠智的直覺(intellectural or non-sensible intuition)。故此種「在」不在知識範圍之內，雖然不在知識範圍內，但與現象性的我同樣是具體的，不是抽象的。而笛卡兒之「我思故我在」，我之「在」是通過思而說的，不是通過直覺而說的，故既不是現象身份的在，亦不是物自身身份的在。他這個「我在」，依康德，只是「在」于知性，不是「在」于直覺。這個在不是「存在」(existence)之意義，而是「存有」(being)之意義。「存有」是很抽象的。數學上的「零」，幾何上的「點」，皆只可說「有」，而不可說「存在」。「我思」之「我」是一個邏輯的我，形式的我，因而「我在」也只是形式意義的在，或邏輯意義的在，即「存有」意義的在。這樣的我之思即是統思，故即相當于康德所說的超越的統覺。而超越的統覺即是知性之作用。這個知性之作用是統思，其統思所依據的概念就是本體，屬性，因果……等這些範疇，就是以這些範疇來統思一切現象，把一切現象綜合在這些概念之下。這樣就可達到「知識可能之條件即知識對象可能之條件」這一斷定，因而概念亦可落實。

但光只是由知性之統思來說，這太抽象。要具體化便需要有旁的東西來幫助，這就要歸到超越的推證之主觀面。主觀面使知性之統思具體化的便是想像，故康德在這個地方很重視想像。想像的作用是什麼呢？它可使感性給我們的那些東西可以重現出來。因感性都是當下的，它剎那間就過去了。假如不能由想像重現于我們心中，我們就沒有知識。所以必須通過想像的能力，把它們重現起來，雖然不在眼前，仍可存在于心中並把它們弄在一起，此謂想像之綜合作用。綜合的作用都是綜持，是把一些東西綜持在一起(holding together)。綜持也可譯執持，故依佛教唯識宗看，凡是康德所言之綜合作用都是一種綜持，執持。執持是一種執著。我們平常不太注意到綜合是一種執著的作用，其實就是一種執著，著于某些東西把它們聚集抓在一起。如果不抓在一起，綜合的作用就沒有了。抓住就是一種識的執著作用，說它是識之執著作用是有不好的意味，是有價值性的判斷。那麼不執著者是什麼？是智，不是識。知性之統思，統覺之綜合統一，是以概念去執著，這是最高層。其次是想像層的重現之綜合作用，也是一種執著，所執的東西是通過感性直接地當下呈現在我們眼前者，所以康德言感性給我的東西對著綜和統一而言爲雜多(manifold)。綜合就是把雜多綜集統一起來。

所以最底層的感性所給的是雜多，而雜多之所以能成爲雜多，後面也有綜攝的作用，此作用爲直覺上之綜攝作用。其實一言直覺就有綜攝的作用，只是其綜攝的作用的層次較低，故不易顯。而想像，知性則層層提高，提高時其綜合作用就顯明了。在直覺上的綜攝作用康德名爲攝取之綜和（synthesis of apprehension）。直覺一個東西就是抓攝一個東西，所以攝取之綜和是由直覺層來講。重現是由想像層講的，統思是由知性層講的，故有三層的綜和。最低層攝取之綜和，所攝取的東西本來就是雜多，但雜多之成其爲雜多，必須歷過才行，一個個歷過而把它抓在一起才能意識其爲雜多；假如沒有歷過的作用，雜多的意識（consciousness of manifold），也就沒有了；雜多的意識沒有了，雜多亦不能成其爲雜多。假如每一雜多只是當下的，那麼這個雜多只是絕對的單一（absolute unity），每一刹那所呈現的都是絕對的單一，只是絕對的單一，就沒有雜多。一一歷過就是攝取之綜和，又言綜攝。絕對的單一就是絕對的孤零仃，其實零仃也不能講，雜多也不能講。所以直覺還是有綜攝的作用，就是攝取，這是最基層的綜攝作用。綜攝作用層之雜多，再通過想像把其重現出來；由想像重現出來的雜多，再往上通過概念底概括作用就把雜多進一步綜和統一起來，這才成客觀的知識，到此綜和才停止，故有三層的綜和。三層綜和明，則範疇之超越的推證即完成。

爲何到統覺的綜和作用就停止呢？爲何不能再層層無窮地往後追溯？須知這與客觀方面的因果關係可以作無窮地向後追問不同。我們的認知作用最後停在知性處，不能再往後追問，因我們在這裡使用的是概念，概念都是先驗地由知性發生之法則性的概念，如本體，屬性，因果……這些可以作爲形式條件的概念。假如再問知性從那裡來？知性何以能發出這些先驗的概念？依康德，到此不能再追問了，這就好像追問我們爲什麼以時間空間爲感性直覺之形式條件，這也不能再追問。因爲人類的心靈，人類的知性就是如此。爲什麼到知性處可以停止，而在感性層想像層皆不能停止，此乃因知性層是使用概念，使用概念就可以站起來，此如孔子所言之立于禮一樣。我們生活中的人格，要能站起來，就需要禮。禮從那裡來呢？依孟子此乃來自人之本心。（依荀子則由聖人造成，這就成了一個循環（circle）。）禮是些架子，發自于本心表示它是最後的，終極的，故曰立于禮，人到此可以挺立而站起來，否則永遠往後靠。在知識處講，康德就說到知性（統覺）爲止，不能再問，此如追問人的知性爲什麼要用範疇（先驗概念）來思考，此也不能追問，因爲人的心靈就是如此。感性爲何要以時間空間爲其形式，這也不能再問。旁的其他有限存有也許可不用這些，但人類事實上必須如此。照康德之說法，知性之統覺的綜合統一是用先驗的概念來綜合，故講知識機能到此就停止，不能再無窮地往後追問。雖然不能無窮地往後追問，而知性的統思作用所表現的我是形式的我，這個我是個形式的存有，不能當現象看也不能當物自身看，它不存在于直覺而存在于知性，到此不能再往後追問，但我們可以追問這一個邏輯的我，後面是不是還有一個預設，這一個邏輯的我是不是一個終極（ultimate）？對于前問，答曰它後面是有一個預設；對于後問，答曰它不是一個終極的我。它是一個因著知性之統思——以純粹概念而統思，而被撐架起來的形式的我。它雖屬于現象界而在現象界內呈用，但它本身不是一個現象，它不是可用感觸直覺去覺到的；同時它亦不是物自身身份的我，因爲物自身身份的我是實法，是可以用智的直覺去覺到的，雖然我們人類無智的直覺。因此說到「我」，有三個意義的我：現象意義的我，物自身意義的我，邏輯意義的我——形式的我。物自身與現象是同一物之兩面觀，就「我」說，前一意義的我是「眞我」，後一意義的我是假我，是虛構；而形式的我則是由知性之思而凸起的。因此，邏輯意義的我當有一個預設，此即物自身意義的我，此我當該是屬于 noumena，noumena 多得很，上帝，靈魂不滅，意志自由，物自身等都是 noumena。「物自身」一詞可以是單數也可以是多數。每一個東西，如一杯子，也有一個物自身的身份。這樣，此邏輯意義的我與物自身意義的我（即以 noumena 看的我），有什麼關係呢？我們不能說知性拿一個概念去思，後面又還有一個條件。就知識機能講，到此爲止。但是物自身意義的我如何轉成邏輯的我呢？在知識範圍內，這個邏輯的我是最後的。過此以往，則非知識所能及。

依中國的傳統來了解，良知不是現象。依康德，良知應屬 noumena，也不是邏輯的我，也不是現象意義的我。假如邏輯的我在知識範圍之內可是最後的，到此可以停止，則邏輯的我後面的預設是良知的我，此我應就是康德之物自身性的我，那就是中國人所說的眞我 (real self)，眞實的我，依佛教言，是涅槃法身，眞常我，眞常我不能當現象看，也不是邏輯的我，那麼它當然是物自身意義的我。在知識範圍內，此邏輯的我可以停住，但它與其所預設的物自身性的我以及其與現象性的我，關係如何？這是可以說明的，這裡的問題是很微妙很複雜的，但康德都没有說明。詳見我的「現象與物自身」一書。

上說的三層綜合可使開始客觀地講的答覆更具體一點，可以使人有更具體的了解。由感性起層層往上綜合，直至最後的統覺，即以純粹概念而成的綜和統一，而後止。這樣，這些範疇就是經驗可能性之條件，同時也就是經驗對象可能性之條件。那麼在知識這個地方，這樣說就夠了，這就是知性之存有論的性格。但一個對象呈現給我們是靠時間空間爲條件，而不是靠範疇，這樣一來對象要可能，只靠時間空間而不一定靠十二範疇，故馬上又要加上說明，因爲依康德，感性靠時間空間呈現給我們的對象是「未決定的對象」，沒有通過概念而爲「決定了的對象」，只是通過感性呈現給我們。所謂「未決定」就是沒有通過範疇而成爲客觀的對象。那麼這個對象還是只有主觀意義的對象，還不是有客觀意義而爲決定了的對象。當他說經驗對象可能性之條件，此對象是就客觀決定的對象而言的。開始說對象只靠時間空間條件呈現給我們，不必靠範疇，那爲什麼現在又說範疇是經驗對象可能性之條件，這不是有衝突嗎？所以這個地方馬上對對象要有個了解，經由時間空間之感性形式條件而呈現給我們的對象是尚未決定的對象，只有主觀意義的對象，而這些範疇就是使它成爲客觀意義的決定了的對象之條件。這樣，一個對象雖在感性中呈現，而吾人仍可說範疇是知識可能性之條件，同時亦是知識對象可能性之條件。超越的推證，這個推證不要靠經驗。再進一步，不管是未決定或決定了的對象，這個對象是現象意義的對象，不是物自身意義的對象。物自身永遠不在知識範圍之內，而物自身也不能成爲一決定的對象，因爲一成爲決定的對象就不是物自身。到這個地方就是說明知識如何能客觀化，如何能有客觀的知識，而知識的對象是現象意義的對象到此。客觀化的問題得到充分的說明。

客觀化之問題開始于呈現給我們的都是主觀的現象，主觀的現象如何能通過主體發出之形式而客觀化，此好像有點弔詭。主觀的東西所以能客觀化是要靠主觀的東西而非靠客觀的東西，這不是很古怪嗎？主觀的東西是指時間空間的形式與範疇之純粹概念。這些都是普遍性的，靠這些由主體發而有普遍性的條件把呈現於我們感性的主觀性的表象客觀化，這是很可思議的。如人立於禮，禮非出於天，亦非出自地，而出於人的本心，由主體而發，此似是主觀性的；主觀性的東西使人成爲頂天立地的客觀實有 (Objective being)，而不再是東倒西歪，像浮萍一樣，乃實是可以站起來，這是很合理的。這一層懂得了，則範疇使對象客觀化也就無難了。下面我們須說明「知性爲自然立法」一義。康德所說的立法與普通所謂自然法則不一樣。在此有三個問題要說明：1.知性爲自然立法。2.現象與物自身。3.感性直覺與智的直覺之對比，辨解知性與直覺知性之對比。這三個問題都弄清楚了，就可以除去對康德系統之反感、懷疑與不信任感。

知性爲自然立法，此所立的法則與我們平常所謂的自然法則是不是一樣？知性怎麼能爲自然立法呢？我們平常的自然法則 (natural law) 不管是物理的或化學的法則，皆由自然發現出來的，而言知性爲自然立法，此豈不是純粹的主觀主義嗎？這需要說明，他說爲自然立法所立的是十二範疇，而範疇爲經驗知識底可能性之條件，也即經驗知識所知道的對象底可能性之條件，我們平常以爲爲自然立法所立的法則是經驗知識所知道的特殊法則 (particular law)。我們平常所說的法則都是這樣意義的法則。其實康德所立的法則是這些法則之條件，也就是我們心目中的法則底可能性之條件。就是說，它們是那些自然現象之特殊的法則如物理法則、化學法則或社會現象之特殊的法則之所以爲可能之基本條件。而這些特殊法則應相當於政治上立法院所立之法，範疇則相當於憲法之法。立法院所立之法是一般的民事法，刑事法，訴訟法。這些都是法院審判所根據的法，這就是我們一般所謂的法則之意義。而憲法的法不是我們一般所謂的法則之意義。知性爲自然立法所立的法就如憲法之法，是成功政府一切的組識，政府辦事，社會上一切活動所遵守的法則之根據。它是高一層，嚴格講，在此不能言法則，言法則意義太廣泛。知性爲自然立法是立自然法則所以可能之條件，但康德籠統地說爲自然立法，這便引起人的反感。其實這個話是可以通的，這不是主觀主義。有特定內容的法則還是由經驗來，立法院所立的法，爲法院審判所依據者，還是由社會上的事宜而來，這些都是特殊法則，即所謂民事法，刑事法，法院審判所根據的法則。而「知性爲自然立法」所立之法類乎憲法，是開國民大會來創訂的不是本來有的，那是更高一層的東西。

第二個問題現象與物自身，此須特別說明，康德之說法與平常之說法不一樣，我們平常所了解的分別，大體都是洛克意義的，即他把物性分爲第一性，第二性。第一性是客觀的，屬於物本身，第二性是主觀的。但康德說這還是經驗的分別，而現象與物自身的分別，是很重要的，爲康德哲學所依以成立的特別識見 (insight)。他建立這個大系統完全靠這個識見，在此識見之下遂有第三個問題。此即人類的感觸直覺與智的直覺相對比。我們的直覺總是感觸的，但在我們的直覺之外他另想一個智的直覺 (intellectural intuition)。關于智的直覺，他也可以說得很恰當，可是他是根據邏輯推理 (logical inference) 與邏輯思考上的比較 (logical comparison) 而來，他實在是沒有見到的，因爲他沒有這個傳統，但他都想得很合理，但有時說得不太恰當。但中國有這麼個傳統，中國的學問就單講智的直覺，儘管無此詞語。但西方人所說的這種智的直覺之意義與道理，儒釋道三家都有之，且其重點都落在這裡，故中國人了解得很明確，而不是靠邏輯的推理。康德就說得不明確，因他沒有這個傳統，但是他有基督教的宗教傳統，在宗教傳統之下，智的直覺是屬於上帝。

這樣就有兩種直覺之對比，也有兩種知性的對比。人類的直覺是感性的直覺，而上帝是智的直覺。人類的知性是思想，在康德於知識上講知性的作用就是思想，對對象下判斷，這種知性在西方稱辨解的知性 (discursive understanding)，曲曲折折地有論點有討論，這樣就需要有一些條件，一些手續，故爲辨解的知性，這種知性就要靠邏輯概念，遵守邏輯手續，這樣才能成功知的活動，這就表示人的知性不是「直覺的知性」，因直覺是直而無曲，直而無曲就不是辨解的，既是知性而又是直覺的，這種知性康德以爲人類是沒有的。

至於直覺，一說直覺就是有某種東西刺激我，我對之就有一個反應，此即直覺，故直覺都是感性的。可是就有另一種直覺不受感性的影響，即發一個直覺是純智地 (pure intellecturally) 發之。康德又以爲人類沒有這一種直覺，上帝才有。可是中國人就專門講這一種直覺。

知性在人類的科學知識的範圍內是辨解的，但在上帝則是直覺的，即所謂「直覺的知性」，既是知性又是直覺，就是不經過概念等一些手續條件就可以直接地達到對象之知：知之等于直覺之，直覺之等于創造之。這個很難，故康德以爲只有上帝才能如此。在上帝，直覺的知性 (intuitive understanding) 就等於智的直覺 (intellectural intuition)。由直覺講，就是祂的直覺是智的，不是感性的。由知性講，就是祂的知性是直覺的，不是辨解的。所以在上帝，直覺與知性這兩者爲同一。可是在人類是不同的，直覺就是直覺，知性就是知性，這兩個不同作用的認知機能要合作才能成功知識，可是在上帝就是一個。康德這種講法是西方宗教傳統下的講法，由中世紀就是這樣的講法，這是對於上帝的體會，對此聖多瑪做得最好，中國的傳統就不從上帝那裡講。下講講現象與物自身的意義與區別，由此乃能完成康德在知識範圍內所講的經驗實在論與超越觀念論。對此，東方人持什麼看法？儒家，道家，佛教各持什麼看法？

第十三講　「知性為自然立法」之意義：此是否主觀主義？

今天我們來說康德之「知性爲自然立法」這句話之意義。「知性爲自然立法」，這句話我們怎麼樣去了解它呢？如只從表面看，則人們覺得這句話聽起來非常刺耳，令人起反感，因爲這主觀主義太強。但是我們一層一層地去了解它，了解康德講這句話的背景，講這句話的分際，那麼這句話應該是可以說的。

第一步我們先要了解康德說「知性爲自然立法」之「自然」是什麼意思？康德說的自然應該是等于現象的全體。用康德的詞語來說，自然等于現象之總集 (sum)，即所有的現象總起來，加起來，也就是我們平常所說的自然界 (natural world)。

在這裡，他心目中所想的自然與我們一般所想的自然，很明顯地就有距離了。我們平常所說的自然是天造地設的大自然。說自然界不同于社會界，說自然科學是研究自然界的學問，這所說的自然都是天造地設的，自然如此擺在那裡。但康德所說的自然，就不是這個意思。正好自然不是天造地設的，跟我們平常心中所想的大大不同，既然不是天造地設的，那麼是什麼意思呢?

一般人去了解康德在這裡就發生問題了，因爲大家都用平常所了解的自然去了解康德所說的自然。如果說自然是天造地設的，那麼我們又說「知性爲自然立法」，這句話就不通了。但是如果說自然就是現象，這樣的自然不是天造地設的，那麼說「知性爲自然立法」這句話就不那麼令人起反感了。

假如現象不是天造地設的，那麼我們也可以問什麼才是天造地設的呢?這樣問，康德應當說「物自身」，「物自身」才是天造地設的。

「物自身」或譯爲「物如」。物如之如來自佛教，人或可以爲這個字有點玄妙，但說實了，這個字是可以用的。照原文的字義或英文的翻譯，嚴格講當該是「物之在其自己」，「在」字不能去掉。光說個「物自身」，那意義就模稜有歧義。譬如眼前這個粉筆當現象看，我也可以說粉筆這個現象本身。于粉筆說本身，即其後面加上 itself 也是可以的，但這卻是就現象說的本身或自身。就粉筆這個現象說粉筆自身。其他如說人本身，桌子本身等等；于任何現象，「本身」這個字樣都可加上去。那麼這樣雖然加上本身還是個現象，現象本身就是客觀地說這現象自己。

但是「物之在其自己」其意思就不同，它不能當現象看，它永遠不是現象。「物之在其自己」之英譯爲 "in-itself"，前面加 "in" 是很有意義的。有 "in-itself" 就有 "for-itself"，所以後來黑格爾就根據這個意義之 "in-itself"，再進一步講 "for-itself"。

說 "in-itself" 是說物之純粹在其自己與任何其他東西不發生關係，與任何人與我也不發生關係。那麼因此它是個什麼東西我們完全不知道。可以說“in-itself”什麼也不是，純粹是一個很空洞的東西。依照黑格爾之辯證法，辯證的發展是要預設“in-itself”爲底據的，這「在其自己」是就絕對存有說，或就精神主體說，不泛指任何物。

精神主體若想有所呈現而爲人所知，則它除「在自己」之外，它還要「對其自己」(for it-self)。它若只在其自己，則他就是純粹內斂于它本身，或者內縮于它本身。「在其自己」之「在」，好像一個東西絕對內斂於它自己或內縮于它自己，它沒有任何顯現。它不顯現，你知道它什麼？你不顯現，我怎麼知道呢？你不顯現，你是個什麼？你什麼也不是！顯的時候，才能知道你是什麼。

“for-itself”，自己對自己，這個 for 當譯爲「對」，有人譯爲「爲」而成爲「爲其自己」，這是不對的。「對其自己」與「在其自己」相反，精神主體對其自己，它本身就有分裂。它對其自己是把它自己當作對象。我可以把我自己推出去作爲主體我所默想或所觀察的對象。這時候其自己內部有個分裂，即有 subject-object 之分裂，一有此分裂，一有能所之對立，就有所顯，有所顯就轉成現象。此即形成黑格爾辯證法中之三動相，即："in-itself"，"for-itself"，再綜合起來而爲“in and for itself”，這三步動相。康德只從知識上泛講任何物之“in-itself”，不能再講“for it-self”以及“in-and for-itself”。但黑格爾就精神發展講，則可以加上這後兩步動相。後兩步動相所預設之“in-itself”，就是從康德所泛講的「物之在其自己」之在其自己而來。物之在其自己，就是平常所簡言之的物自身，這與我們平常說粉筆本身，這個本身“itself”是隨便加上去的不一樣。

物之在其自己是一個東西絕對地內縮內斂于其自己。這個時候就等于我們日常生活中所謂一點朕兆也沒有。一點朕兆不露，這就是人所謂莫測高深。法家就喜歡用這一套，做皇帝就要這一套，雍正皇帝很有這一套本事。你一露朕兆就有端倪，一有端倪我就可以把你抓住，我就可以猜測你喜歡什麼東西，你喜歡什麼東西我就投你之所好，你討厭時我就逃避一下子，這是官場的情形，所以大皇帝在這裡一定要在其自己。這是我們從日常生活中體會的，我這個意思可以幫助你們了解這一個詞語之實義。

所以康德說物之在其自己，我們對之完全無所知，知識所不能及。而我們知識的條件也不能向它那裡應用。那麼這個東西是什麼東西？什麼東西也不是。你可以說它是無限的祕藏，用佛教的詞語講，是絕對的祕密，無限的祕藏。照康德的意思，這個意義的物之在其自己，才是天造地設的，對任何其他東西沒有發生關係，因而也不現任何面相，它也不內部起風波，它純粹在其自己，是純粹地自在獨化（獨化無化相），默默地密勿自運，這才是天造地設的。

你一旦與其他東西發生關係，就有一個「他」(otherness)與你相對。有一個「他」與你相對，這時你這個東西就不是你之在其自己，那麼這時的你就不是天造地設的，照中國人之詞語講，這純粹是後天之學。當一個東西與其周圍的其他東西一發生關係就落在後天。對某一個東西顯一個面相，對另一個東西顯另一個面相，有好多是歪曲的面相，也有好多曲折的面相。這些面相就叫做現象。這當然不是先天的，天造地設的本身，這照邵堯夫講就純粹是後天之學。

爲什麼物之在其自己才是天造地設的呢？天造地設是我們的詞語，依康德在西方基督教傳統下來講，天造地設是上帝所創造的，上帝所創造的才是天造地設的。照康德之說法，上帝之創造只創造物自身，只創造物之在其自己，不創造現象，所以在上帝面前沒有現象，也沒有我們所說之自然界，即並無我們平常所理解之天造地設意義之自然界。你所說的眞正意義的天造地設，當是指「物之在其自己」之物講，此「物之在其自己」之物我們對之一無所知，在這個立場我們沒有自然科學，自然科學不能從「物之在其自己」之物建立起來，不能從研究「物之在其自己」之物發出來。所以假如你知道依照西方傳統，依康德所講，上帝所創造的是「物之在其自己」之物的時候，那麼你就知道「物之在其自己」之物才是天造地設的。

既然「物之在其自己」之物是天造地設的，那麼現象就不是天造地設的了。自然就是現象之總集。我們所謂自然界，所謂研究自然科學之自然，那個自然界只是一大堆現象，這不是上帝所創造的，不是在上帝面前的對象。既不是天造地設的，「知性爲自然立法」這一句話的意思就可思量了。你開始時那強烈的反感與反對，現在就轉成輕鬆一點了。一開始你以爲是替天造地設的自然立法，現在你知道不是替天造地設的自然立法，乃是替現象立法，那麼「知性爲自然立法」就可思量，可思量就好辦了。現在且把現象與物之在其自己放在下次仔細講，現在只先這樣提一提。

自然是現象的總集，不是天造地設的。再進一步我們來了解立法之意義。「知性爲自然立法」，如何立法呢？開始我們本來說知性本身能提供一些概念，這些概念就是範疇，範疇是存有論的概念。它們不是純粹邏輯中的形式概念。假定它們是純粹邏輯中的形式概念，則這些形式概念不能成爲自然界的法則。是故我們開始就分別成兩套概念。假如我們能了解知性是可以提供一些先驗的概念，又假使知性所提供的這些先驗的概念只是純粹邏輯中的形式概念，那麼你還是普通的實在論，康德所說的現象的意義就沒有了。像羅素這些人只了解邏輯中的形式概念（虛概念，邏輯字），所以他們都是實在論。

假定你站在康德的立場問：你所謂實在論是什麼意義之實在論，他也不必答覆。反正站在羅素的立場，康德之物自身與現象之分別，他是不承認的，或至少可以說他沒有康德現象與物自身之分別，他所了解的只是純粹邏輯概念，邏輯概念對于存在沒有擔負，這就是實在論了。

這些邏輯概念不能控制存在，不能決定存在。我只能根據我的邏輯概念，邏輯手續來發現自然法則，這些純粹概念不能代表自然法則，這當然是實在論。這樣第一步假如我用的是純粹邏輯概念，而以爲我們就可以把現象自然界由知性之控制中解放出來，這樣的講法大體都自以爲是實在論者。凡是不滿意康德之主觀主義，大體都想由知性把現象，把自然解脫出來，儘管這個現象不是康德意義之現象，只是我們普通所說的現象。這種解脫出來的思想，不但是英美的實在論有之，德國式的實在論也有之。不滿意康德傳統所成的主觀主義，這在德國也是有的，這便成德國式的實在論者。這些實在論者的路線，如胡塞爾，海德格便是。胡塞爾講他的自以爲可以自康德的知性主體解脫出來的現象學——客體解放的現象學，而海德格則講他的德國式的存有論，所以他們都沒有康德的現象與物自身之分別，也沒有思辨理性與實踐理性之分別，以及智思物與感觸物 (nomena 與 phenomena) 之分別。

沒有這一套架子，你說你已經把現象從知性主體中解脫出來了。你究竟有沒有把它解脫出來呢？這是很有問題的。光只是掩耳盜鈴，把眼閉起來，這些我不提，反正這樣我就把客體解脫出來，這眞能解脫出來嗎？例如只講邏輯概念，眞能把客體解脫出來嗎？這是很難說的。譬如我寫「認識心之批判」的時候，我只能了解知性可提供一些純粹邏輯概念，這個也可以說出一大套，這裡也自含有實在論，我也認爲可以把自然現象從知性主體中解脫出來。這個時候問題是懸而未決的。問題還沒有解決而是敞開而沒有決定的。我們常是把敞開而未決的東西當成決定的，好多人都是這樣的，英美式的實在論也大體是這樣。

這只是一時的方便，暫時的客觀主義，暫時的實在論。假如康德在這個地方明明告訴我們，知性所提供的不是純粹的邏輯概念，邏輯概念只是線索。我們的目的不在發現這些邏輯概念，這些邏輯概念已經有了，這一步很容易了解。從這一步線索要引到存有論的概念，要想發現範疇。他所發現的範疇即是存有論的概念。這些存有論的概念，不是客觀地從存有論之立場獨斷地講，而是從知性之超越的分解之立場批判地來講。那麼既然是由知性之超越的分解之立場講，由此進一步就要承認知性之存有論的性格。假定知性所發出的是純粹邏輯概念，那就是知性之邏輯性格 (logical character of understanding)，知性之邏輯性格很容易了解。

由知性之邏輯性格這一層講，就沒有知性爲自然立法這個觀念，現象與物自身之分別也不一定有。假如有，也是像洛克之分別，第一性第二性之分別，這種分別不是康德所謂現象與物自身之分別，所以康德說洛克之分別爲屬于經驗之分別 (empirical distinction)。要不，就是來布尼茲的分別，這也不是康德所說的現象與物自身間的分別。康德說來布尼茲的分別只是邏輯的分別。這也不能有爲自然立法之義。因此，要想有現象與物自身之超越的分別，並因而有爲自然立法之義，則在知性之邏輯性格以外，還要承認知性之存有論性格。

可是這個問題說到這個地方又是一個癥結。假如你能承認知性之存有論性格，再說「知性爲自然立法」，那麼你當初對「知性爲自然立法」之強烈反感又減少一步了。既然承認知性有存有論之性格，那「知性爲自然立法」也很容易了解，不是很困難的了。

因爲存有論之概念，本來就是決定對象之概念，本來就與對象有關係，邏輯概念就與對象没有什麼關係。所以 all, some, is, is not, or, and, if … then 等邏輯概念，對于對象不能有所控制，只能根據這種思考的程序去發現自然法則。由 all, some 轉成量的範疇，由 is, is not 轉成質的範疇，由 if … then, or, and, 等轉成關係範疇的時候，那就完全不一樣了。那就對對象有所決定，有所事事。所以這一部份康德稱爲超越的邏輯 (transcendental logic)。假如講的只是知性之邏輯性格，則只表示我們平常的邏輯程序在知性中的形式作用，對對象無所事事，無所決定。康德之超越邏輯唯一之差別點在對對象有所關涉與決定。所以若承認知性之存有論性格，則對「知性爲自然立法」更又接近了一步，開始的強烈反感更又鬆了一步。這樣一步一步接近，終于完全承認「知性爲自然立法」之不可移，這是第二層的了解。

至于說到知性之存有論性格，這並不容易了解。雖然你可承認知性之存有論概念，但你對知性之存有論性格仍可完全不能承認，完全不能了解，覺得知性何以能有此性格，這說起來很不容易，最後的關鍵就在這個地方。

要了解知性之存有論性格，這當然還是與現象有關係。因爲現象不是天造地設的，天造設的是物自身。而存有論之概念與對象或存在有所關涉，所關涉及的對象或存在還是現象而不是物自身，這個時候的存有論還是屬于現象範圍內，即知識範圍內的存有論，但我們平常講存有論也不一定如此。所以最後知性之存有論性格還要慢慢再往裡深入，這不太容易了解。這個地方佛教對我們的幫助很大，使我們對于知性之存有論性格容易了解。照西方哲學，甚至照康德本身之思辨，很不容易使我們信服。

我們需要有兩步了解：第一步康德所謂自然是現象之綜集，不是天造地設的，天造地設的照康德講當該是物自身。了解到這一步，則「知性爲自然立法」就可以接近了。這一步還不夠，再有第二步，在第二步時我們了解範疇這些概念是存有論的概念。假如這些概念是存有論的，則知性即具有存有論性格，如是，則「知性爲自然立法」就更可理解了。最後之癥結落在知性之存有論性格可理解不可理解，能說得通說不通。最後是這個問題，這個問題後面將可徹底明白，現在暫時停一下。

知性之存有論概念，與自然現象有關係。照康德之想法，現象是對人而顯。假如一物不和任何主體發生關係，絕對地內斂內縮于其自己，不露任何朕兆，則它什麼也不是，我們對它一無所知。所以康德說現象不是天造地設的，不是在上帝面前者，不是對上帝講者，單單是對人講者。對人是籠統的說法，對人的什麼認知機能而顯現成爲現象呢？第一步對人之感性而顯現。光對人之感性還不夠，還不能完成其爲現象，第二步是對人的知性。對人之感性而顯現稱爲現象 appearance，此時，所顯現成的是未決定的對象，只是把一個東西給與于我。第二步對人之知性，如是，則所顯現的即成爲一決定的對象。

對人類才有如此這般的現象。對上帝而言，無所謂現象。對人，不管對人之感性或知性講，人是有限的存有 (finite being)。照西方的傳統，人是被上帝所創造的，凡是上帝所創造的都是有限的，只有上帝才是無限的存有 (infinite being)。在上帝面前，沒有現象，都是物自身，只在有限的存有面前才可說現象。我們所知道的現象，我們所知道的自然界，單單是對人這個有限的存有而顯現成者，單單是對人這個有限存有而顯現爲如此這般的現象，如此這般的自然。那麼這一句話就表示除人之外還有其他有限的存有。

粉筆沒有感性，也沒有知性，但卻也是有限物。粉筆這有限存有，照佛教講，不是衆生，不是有情。照佛教講，衆生都是有情，有情就是有情識的作用。有此作用的存在，才叫做衆生。草木瓦石不能成爲衆生。草木瓦石雖然也是上帝創造的，但草木瓦石卻不是有情衆生 (living being)。所以所謂顯現是單對有限的有情衆生而顯現。人類只是有情衆生之一，六道衆生，人是六道衆生之一類。六道是人，天，阿修羅，地獄，餓鬼，畜生。動物也是有生命，有情識，但是其情識差得遠。人是指居于這陸地上的人類而言——天是指天堂上的有情識者而言，阿修羅的意思是不端正，好鬥爭好打架，阿修羅雖不端正，但也是高級的衆生。在佛教中，人、天、阿修羅稱爲三善途，地獄、餓鬼、畜生則稱爲三惡途。不管是三善途，三惡途，佛教言一切衆生皆可成佛。不過三惡途慢一點，三善途快一點，其中最好的是人。

所謂最好其標準是什麼？是就成佛之難易而言。人成佛最容易，天堂的衆生當然是好，但因享福享得太多，也不容易成佛，地獄餓鬼太受苦，受苦太多也不容易成佛，畜生雖有情識，然稟氣太混濁，心竅不開，成佛也很困難，但它總可以成佛，慢慢來。因爲人最容易成佛所以最好，故佛教說：人身難得，中國難生，佛法難聞，生死難了，有這四難。生而爲人是不容易的，生而爲中國人更不容易。可是佛教說的中國不一定是我們中國，依照佛教印度才是天下之中。

六道衆生統統是有限的存有，都有它自己的如此這般的現象，所以我們所說的現象是對人講，我們所了解之自然界，所有的科學知識，是就人之感性與知性而言的。我們人類有如此這般的感性，有如此這般的知性。其他的有限衆生，只要是有限，它一定也有感性，但它們的感性不一定同乎我們的感性。有限之所以爲有限，就是因爲它有感性。照西方傳統，有限不是籠統地說的，有一定的講法，有限之所以爲有限，首先是因爲它是個組合物，由兩個異質成份組合起來的，此兩種成份是什麼成份？

此思路是由亞里士多德開始的，依亞氏言 form 與 matter，有限的存有一定有 form 一面，也有 matter 一面，就是由這兩面組合成的。matter 是物質性，廣義說材料，以物質性做材料，這是廣義的籠統的原則性的決定。而講到人類，物質性就是人的感性，感性就是代表物質性。人一定要有感性，一定是組合的，這才是有限。無限存有如上帝不是組合物，因上帝無物質性，我們不能說上帝有感性。我們有耳目口鼻，上帝無耳目口鼻，不能有感性，所以這個無限的存有 pure form，不是一個組合物。我們了解有限無限要通過是否是一組合物這個觀念來了解，不是隨便籠統說的。這個無限依黑格爾稱爲質的無限 (qualitative infinite)，還有量的無限 (quantitative or mathematical infinite)，此乃數學所說的無限。量的無限與質的無限不同，量的無限與 form, matter 無關。上帝，道體，本心，性體等之無限皆爲質之無限。

人是有限存有，因爲有身體一面，此代表物質 (matter)，但也有理性這一面，此代表人之形式 (form)。因有身體才有感性，我們的感性與其他有限存有之感性不一定相同。我們是五官，假定在頭上再長一個眼，如封神榜的聞太師有三個眼，那他的感性形態，就不一定與我們相同了，那麼在他眼前的現象與我眼前的現象就不一定一樣了。我們是靠五官，在五官這個機體之下呈現現象，而且在時間空間內。我們的感性有時間空間之形式，其他的有限存有就不一定是這樣的時間，這樣的空間。感性不同，現象在他們的眼前也就不同了。所以現象不是天造地設的，若是天造地設的，那裡有這麼多不同呢？應該到處都一樣。到處都一樣那就是「如」，那就是與任何感性主體都沒有發生關係，那就是絕對意義的「物如」。

這個意思很深遠。儘管在康德的哲學裡是這樣分開了，但不家不一定了解。如照洛克的分法來了解，或來布尼茲的分法來了解，那都是不對的。如照康德的恰當意義來了解，這個意義深遠得很。在上帝面前是「物如」，沒有現象，這個「物如」，在上帝面前是什麼相呢？沒有相，說什麼也不是。關于物如這方面的玄談，中國人很行，康德還談不到，他只把它擺在那裡就是。

現象只是對有情衆生而顯現，有不同之有情衆生就有不同之現象，不同系統的現象。我們所了解的這樣系統的現象是在我們人類的感性與知性面前的現象。

我們的感性一定要有時間空間爲其形式。我們的知性，當它去決定感性所呈現給我們的現象的時候，它一定要用些基本的概念，這就是知性所提供的那些存有論的概念，就是範疇。所以現象是由感性而顯現，而爲知性所決定。言至此，知性之存有論性格與現象之成其爲現象一起呈現。假如現象不是在時間空間裡它就不是現象，所以一說現象它就有時間空間性。而時間空間性這個形式是由主體而發，這個主體是隨感性而表現的心靈主體。時間空間是由心靈之隨感性而發因而遂客觀地被擺在現象上面，那麼現象之有時間性與空間性就是感性的執性，感性的執著性。你先分解的說是心靈隨感性而供給時間空間這形式，因此說這形式是主觀的。可是感性把一個東西給與于我們而成爲一個現象，乃實是因落在時間空間這個形式裡而成爲一個現象。所以這個時候現象之時間性空間性與感性在時間空間形式下去呈現現象，這兩者完全是一回事。我們不能說有一個現象擺在那裡，暫時離開時間空間我們還能夠想現象；離開時間空間就不能想現象。那麼感性依時間空間之形式以成其爲感性與感性所呈現給我們的現象之有時間性與空間性，這兩者完全是一回事。故康德云：感性之形式同時即是現象之形式。我們一定先要建立起這一義。

時間空間與現象拆不開，拆開的時候，你說我可以暫時離開時間空間想一個現象，這樣的現象就沒有實在性，就成空觀念。我們不能離開時間空間這個形式，光從知性或理性去想一個沒有時間空間的現象。假如這樣就稱爲現象的觀念性，而這觀念性就是超越的觀念性(transcendental ideality)。超越的觀念性意謂這時的現象是一無所有，什麼也不是，只是個觀念。所以當說現象時，感性上的形式，與感性所呈現的現象之形式，一定是同一的。

那麼由我們的感性主觀分解地講，說時間空間之形式是心靈之主觀建構，這是我們了解時間與空間之根源是由主體而發，這是分解的表示。可是這個由主體而發出的時間空間要落實而為現象之形式，不能空空地擺在那裡而無用。它是我的直覺之形式，同時也就是現象之形式。它既然是現象之形式，就與現象拆不開，離不開，這個時候永遠是個相即的關係，它與現象合一。

當我們的感取主觀地執著時間空間的時候，就是執著有時間性，空間性的現象。因此，你要先了解這兩者相即的同一化，了解相即的同一化的時候，就可以了解感性的執性。現象之成其為現象，以及現象之形式時間空間從主體發，嚴格講都是我們的識心之隨感性而起執之執性。識心若沒有隨感性而起執之時間空間的執，也沒有現象。當它有這一執的時候，現象就在你這一執中成其為現象。這是感性心中時間空間之執性，以及現象之時間性空間性之執性。

先說感性心中時間空間之執性。時間空間之執性，就表示時間空間的根源發自于心靈，隨感性而執現。這個是指著時間空間之形式之根源說。但這個形式同時就是現象之形式，所以進一步當心靈隨感性執著時間空間的時候，就是執著現象之時間性空間性。執著時間空間是說時間空間之根源，根源于何處？根源于心靈主體的執性。由心執而發為感性之形式，同時也就是現象之形式。

所以進一步言現象之時間性空間性也就是感性心之執性。感性心之執性，嚴格講就是心靈隨著官覺主體而呈現。這種心靈主體的執性是隨著官覺機體而起，因此就叫做感性心。這感性心就是佛教所說的前五識，眼、耳、鼻、舌、身識。識是屬于心靈活動，前五識是心靈隨著五官而表現，五官是官覺之機體。感性這一層了解了，下面知性這一層就容易了解。

感性把時間性空間性的現象呈現給我的知性，我的知性就根據其自己所提供的存有論的概念來決定這個現象，決定之使之成爲決定了的對象。什麼是決定了的對象？一對象之量相、質相、關係相，一切都能概念地決定出來，就成了決定了的對象，因而也就是客觀化了的對象。它之量相、質相、關係相等不是主觀的幻想，有客觀的意義。不是主觀的就是由於客觀的概念。感性所呈現的時間空間中的現象的量相（性），質相（性），或關係相（性）即法華經所說的「如是相，如是性，如是體，如是力，如是作，如是因，如是緣，如是果，如是報，如是本末究竟等」十如之前九如。此十如中之前九如都沒有離開十二範疇的範圍。現象之量性，質性，關係性如能夠客觀地被決定，此現象豈不就成了一個客觀的對象？豈不就成爲眞正知識的對象？假如它的量性，質性，關係性完全不能決定，那麼它在你的眼前是模糊的，不是眞實客觀的對象，不是知識底客觀對象。

那麼在知性面前，當一物爲知性存有論概念所決定，成了一個決定了的對象時，這就表示它的量性，質性，關係性統統可以成爲客觀的呈現，說實了，這也就是知性的執性。執性是佛教的詞語，西方人聽起來不順耳，覺得很奇怪。知性之所以爲執在那裡表現呢？在康德的系統中，康德的什麼詞語可以表示這個意思？理性，先驗那些詞語都不能。知性底什麼作用能表示這個執性？我們首先問知性用其所提供的概念來成功一個什麼作用呢？以康德的詞語說，當該是「綜合」。綜合有三層，感性、想像，知性都有其各自的綜合作用。感性層爲攝取之綜合，這是使雜多成其爲雜多者。我要知道雜多之爲雜多，須把雜多一個個歷過，然後執持之于一起 (holding together)，此就是攝取底統攝作用，此即感性層的綜合作用。

再往上就是想像層的綜和，這是使感性所給者可以重現。想像底作用是重現。感性是眼前的，當下的，我們不能停于當下，一刹那就過去了，過去了就在我的腦子裡邊，但我可通過想像，記憶 (memory)，把它重新浮現起來，如浮現不出來把它忘掉就沒有知識可言。所以想像中含有記憶，聯想 (association) 等作用，表示過去者可以重現。

知性層表示什麼綜合呢？答：是統覺 (apperception) 之綜合。不管是感性，想像，抑或知性，它們都有綜和或總持的作用，此即佛教所謂的執。認知的基本作用是執，就是抓在一起。再進一步有黏著，繫縛不解等，這些是心靈的痴迷膠著，拖泥帶水，那是後來加上去的，也都是執著，執著是煩惱之源。

在佛教，執的意義多得很。有從根本上說，有從枝末處說，有依心理學的意義說，有依邏輯的意義說，都是執。康德所說的三種認知機能底綜合就是執。爲什麼依佛教可以說它們是執，而西方人不用這個名詞呢？西方人聽起來似乎很刺耳，講客觀知識爲什麼說執呢？這個執並不一定是心理學意義的執著之煩惱。佛教在這裡，不管感性也好，知性也好，當他說識的時候，他心目中有一個與識相對反的智。可是當西方人講感性、知性時就當事實來看。我們人類就是這樣，人類就是有如此這般之感性，如此這般之知性，如此這般之理性。但依佛教的立場言，由感性，知性說至理性，就是理性也是識啊！那理性根本是從邏輯推理

(logical inference) 那裡講，邏輯推理還是識。西方人說這是事實上就是這樣，定然如此，無價值的意義，沒有給它價值性的判斷。可是當佛弟子一說識的時候，他心目中想些什麼呢？他又想還當有什麼與識相對反呢？他們想「智」與之相對反。所以一說識就有價值性的判斷，識有不好的意思，是煩惱之源，是執著之源，是不清淨之源，毛病多得很。不管是那一識，前五識或背後的第六識，第七識與最後的阿賴耶識，統統都是識。佛教意義的識是與智相對反的。但一般意義或梵文的原義，「識」的意義是了別，明了分別，辨識，這些作用都在內。所以有人翻唯識論爲唯了論，這當然很怪。識是了別，從這個意義來講，識是中性的，沒有什麼一定好或一定壞。西方人的 understanding 也就是了別的意義。我們有感性上的了別，想像的了別，知性上的了別，了別就是認知，這些都是認知的能力 (cognitive faculty)。了別就是明了分別，分析，綜合那些邏輯性的思考都在裡邊。但當一說智時，智的作用是無分別，所以名爲無分別智。

識中的分別，唯識宗又馬上給你加上價值性的判斷，虛妄分別，一說分別就是虛妄性的分別，就是科學中的分別也不能免于虛妄分別。既是虛妄分別，就當去掉。去掉虛妄分別，就轉識成智了。

剛才說就是科學也不能免于虛妄分別，這當如何去說明呢？須知科學的眞理不是絕對的眞理，都是經過某種程序與手術而成的眞理，不是由純智的直覺而成的眞理。它有一種根本性的手術作用，這也概括在虛妄分別中。沒有這種根本性的手術作用（從具體特殊者中抽出其普遍性者，因而有殊相共相之分別），你也不能成就科學。這種根本性的手術作用（連帶其後的分別），開始的時候，我們可以想它沒有顏色，這就是懷德海所謂的「抽象」以及「單純定位」。懷德海的哲學就是如何建立抽象，如何批判抽象。科學不能沒有抽象，沒有抽象就不能成科學知識，但若停在抽象之中，就有相當程度的虛幻性，所以你不能了解眞實。抽象在科學中是不可缺少的，是一種必然的笨手笨腳的步驟活動之一。有抽象就有單純定位(simple location)，單純的定位可以確定量的知識，質的知識。單純的定位依懷德海就是妨礙我們了解具體眞實的障礙。具體的眞實並不是那樣可以用單純定位單純地定在那裡。但是科學不能離開單純的定位，所以科學所了解的都是抽象性的道理，眞實的道理科學就達不到了。抽象性的單純定位就是所謂基本的手術。這種基本的手術，站在科學知識的立場是中性的，很難說它好，也難說它壞。懷德海說到最後，雖然是中性的，但因達不到眞實，所以這種知識是粗略得很。

最顯明的例子就是量子論中的不決定原則(principle of indeterminate)。平常一般不了解科學本性的人，都是瞎想。他們認爲不決定原則就是表示科學沒有一定的機械法則，這樣量子論也表示了意志自由。但不決定原則與意志自由毫無關係。此原則的意思是說：你要知道量子的速度知道得很明確，你對量子的位置就不能有確定的知識；相反地，你要想對量子的位置有確定的知識，你對它的速度就不能有明確的知識。爲什麼呢？我要知道這一面，我要經過一些手術以固定之，這面定了那面就不能定了。對速度要確定，就需要些手術，這一來，位置就不能定了。對位置亦復如是。這就叫做不決定原則。這根本表示我們的經驗知識是笨手笨腳，沒有辦法直達眞實，這就是科學的限度。這並不是自由不自由的問題，這與此類問題根本不相干；也不表示一般的機械法則完全無效，它只表示在某種特殊的情況之下，我們的知識不能兼顧，顧這一面那一面就不行，顧那面這一面就不行。這是懷德海經由單純定位與抽象這兩個原則所了解的科學知識的本性。這也表示在科學知識層次以上有更高一層的境界。這更高一層的境界，在佛教叫做智，就是唯識宗所講的無分別智。

當佛教一說識的時候就這樣看，它有智與它相對反，智是無分別，識一定有分別，分別一定有相當程度的虛幻性或虛妄性，這是避免不了的。儘管有些科學知識是經過試驗已證實了的，但這樣的虛幻性一樣還是有，你達不到絕對的眞實。

那麼你可以想一想，無分別智是個什麼作用？這個地方是東方學問玄談的地方，好多妙理都在這裡出現。那麼在康德的系統裡，按照基督教的傳統，有沒有與人類的感性及人類的知性相對反的智？有，但卻是放在上帝那裡。我們人類這裡沒有這種智，所以康德沒有像中國傳統那樣的學問傳統。對上帝的智，西方的哲學家也可以推想一些，如就之說直覺，那麼祂的直覺是純智的，而不是感觸的；如就之說知性，那麼祂的知性是直覺的，而不是辨解的。這都是根據邏輯推理而推想到的。他們沒有中國那樣的傳統，故不能瞭如指掌。

在中國，佛教不把智擺在上帝那裡，而是擺在我們這裡。識是在無明中，不覺悟就是識，故要「轉識成智」。但一旦覺悟就轉成智，是故智就在我這裡。衆生無始以來就在識中，但我們也有轉識成智之可能。在西方沒有這個問題。你若問康德說我們這個感性與知性什麼時候能轉？康德聞之必說你這話，我聞所未聞。因爲他沒有這個問題。但佛教天天講這個問題，假如你說「轉識成智」不可能，根本是妄想，他非和你打架不可。「轉識成智」不可能，如何能成佛呢？那麼我講佛教爲的是什麼呢？這就表示中西學問的傳統完全不一樣。不惟佛教肯定有智，即儒道兩家也是這樣，惟不若佛教那麼明確地擺出就是了。

當這樣了解的時候，我們就可以了解到我們的感性，知性有基本的執性，就是康德所說的綜合性。感性有攝取的綜合，想像有重現的綜合，知性有統覺的綜合。知性的統覺綜合是靠存有論的概念來綜和起來的。當說知性提供存有論的概念，這是分解地說這些概念底來源或根源。這樣來源的概念有什麼用呢？它就是預備決定這些現象，決定感性所給你的現象。這個決定通過什麼方式呢？就是通過綜合的方式來決定的。這時候就是說範疇所代表的那些定相，與客觀意義的現象，客觀地決定了的現象，完全同一化。這與作爲感性之形式的時間空間之與現象的時間性空間性完全同一化一樣。由這一個同一化就可了解知性之存有論性格。

對于知性之存有論的性格若能了解明白，那麼「知性爲自然立法」這句話就更容易了解了。你開始時對于這句話非常起反感，現在經由一層一層的恰當解釋，你覺得這並非不可理解。但這裡仍有一點疙瘩，這是最後一個疙瘩，是什麼呢？答曰：即立法一詞之歧義。

意志爲行爲立道德法則曰立法。但在這裡說知性爲自然立法，這立法似乎不那麼顯明。在這裡，嚴格講，不是立法，乃是定立自然法則所依以可能的那些條件。知性不是替自然立法，乃是替自然法則底可能性建立條件。我們一聽立法以爲自然法則都是知性所建立的，那就糟糕了。那就完全成了主觀主義。所以他這立法嚴格講，與政治上立法院的立法不同。立法院所立的法是民事法，刑事法，訴訟法，乃至處理特種事件中各種特殊的法則，這些法則都要經過立法院來審查與通過，這是立法院的立法。但是知性爲自然立法，其所立之法不是各種特殊的法則，乃是憲法那樣的法。它好像國民大會立憲法一樣。憲法之立不是立法院的事。是故憲法亦與各種特殊法則不同層次。憲法是政府組織法及各種處事法之最高條件。康德說範疇是經驗知識底可能性之條件，同時也就是經驗知識底對象底可能性之條件。這是由知性之存有論的性格而來者。知性爲自然立法就是立這些最高的條件——使經驗知識中的各種特殊法則爲可能者。我們平常所意謂的自然法則就是經驗知識中各種特殊的自然法則，這些法則之獲得或其是什麼是有待于經驗的，否則經驗知識一詞並無意義。又，假若我們只知知性之邏輯性格，則經驗知識底可能性之條件不必即是經驗知識底對象底可能性之條件。這樣便成普通的實在論，知性爲自然立法亦不能說，現象與物自身之超越的分別亦不能有。可是康德一定要說：經驗知識底可能性之條件，就是經驗知識底對象底可能性之條件。他所說的範疇是存有論的概念，不是邏輯概念，因此他不只說知性之邏輯性格，且進而說知性之存有論性格。因此，他一定要說：經驗知識底可能性之條件，就是經驗知識底對象底可能性之條件。對象就是作爲現象的對象，就是有那些定相的現象。這個現象意義的對象，它要成爲現象，它一定在量相，質相，關係相中成爲現象，成爲客觀的現象。你不能把這些定相拿掉，單想那光禿禿的現象，那只是空觀念，什麼也不是。

這樣，那麼所謂「知性爲自然立法」，立法是立的那些使對象可能的基本條件，對象是在這些條件中成爲對象。我們平常所說的自然法則是對象在特殊情況下所有的各種特殊法則。例如研究化學現象而得化學法則。這些特殊法則是要靠經驗來發現的。對象可能，對象所有的那些特殊法則亦可能。因此，使對象可能的條件就是使對象的那些特殊法則可能的條件。知性立法是立的憲法式的最高條件，不是立的那些特殊法則。

這些最高條件，先從感性之形式說起，如通過時間空間決定現象之時間相，空間相。我們平常並不把時間空間相認爲是自然法則。這算是什麼法則呢？這只是使自然之特殊法則成爲可能的條件。當然一切東西都在時間空間中，你不能說我了解了時間相空間相就了解了自然法則，這個話也不成話了。

再進一步從知性方面講也如此。量範疇決定對象之量性，量性有一性，多性，綜性。這一性，多性，綜性是成功任何特殊自然法則的條件，也沒有人拿一性，多性，綜性等量性當作自然法則。爲自然立法是立憲法，是立自然（全部現象）底可能性之條件，也就等于說立自然中各特殊法則底可能性之條件。各特殊法則底發現還要靠經驗。這樣講不是主觀主義就沒有了嗎？這就可以解除誤會了。

對象之質性也是如此，質性也有實在性，虛無性，限制性等，也沒有人拿這些質性作爲自然法則，這算個什麼法則？我根據這些法則能做什麼事情？這一些是成就任何特殊自然法則之基本條件。關係性也是如此，常體，屬性，因性，果性，以及共在性，這些亦只是成就特殊法則之基本條件。我們平常也不是把這些性相當作自然法則。我們平常說研究自然以得自然之因果法則，這所謂的因果法則就是各特殊的因果法則，例如「某種物理現象在某種條件下發生」這類的法則。但這必靠因性、果性已被建立起才可能。

特殊因果法則所以可能就是靠原因這個概念。原因這個概念乃存有論之概念。原因這個概念不可能，自然之因果法則也不可能。因性、果性，這兩個概念是知性之存有論的概念，而且是知性之執著（由統覺之綜和作用而成者），由于這一種執著，特殊的因果法則，見之于緣起事中者，才能夠成立，那就是說，緣起事之因果關係才可理解。假如像休謨所講，原因這個概念根本不可能，那麼因果法則就沒有根據了。休謨說原因結果這個概念不可能，完全是主觀的虛構。那麼康德怎麼說它可能呢？他也不以爲這是從經驗來。不是從經驗來，而看成是先驗範疇，那麼這豈不是等于說它是執著？說它是執著，這與休謨之說法說穿了也差不多。不過他說綜合，知性之先驗綜合，說得莊嚴一點，煞有介事。休謨是英國人的態度，英國人有幽默，說得輕鬆一點，說這是聯想與習慣，這便成了心理主義的純主觀主義。說它是先驗的綜合，所謂的先驗，先驗于何處？先驗于知性。

照佛教講，知性本身就有一種執，這叫本執。感性知性皆有其本執，感性的本執就是先驗形式，知性的本執就是範疇。這樣了解一通透的時候，就表示這個東西可以化解，化解了就沒有了，沒有了就表示它原來是執。若不是執，焉得可化解而歸于無？

所以在這個地方康德說得很對。他說這些概念只能應用于現象，不能應用于物自物，所以它們所成功的只是現象底知識。既然如此，這就好辦了。現象不是天造地設的，知性之存有論性格源于知性之本執。這樣，所謂爲自然立法，嚴格講，乃是爲自然立憲法，立自然法則底可能性之條件，不是立那些特殊的自然法則，這樣講就沒有問題了。

第十四講　現象與物自身之超越的區分：感觸直覺與智的直覺之對比以及直覺的知性與辨解的知性之對比：中國哲學肯定人可以有智的直覺

康德系統中，「現象與物自身」之分別，是通貫其純理批判之全書以及其他所有的作品的，是他整個系統之基本重要概念。但說到了解他的「現象與物自身」之分別，一般常不能做到恰當的了解。依康德本人之表示，他首先說「現象與物自身」之區別不是有兩種不同之對象，乃是同一對象之兩種不同的表象。

那麼這「同一對象」的意思要如何來了解呢？就是從「物」來看，即是這同一物，也就是這同一對象，即對此同一對象有兩種不同之表象。一種表象爲此物之「在其自己」之表象，另一種表象是此物之作爲現象之表象。此即他說「同一對象之兩種不同的表象」之意思。

開始說同一物是籠統說，虛說，虛提。意即先虛提一個物。對這一個同一物有兩種不同之表象，這是實說，實說它有兩種不同之身份。一個是作現象看的身份，另一個是在其自己之身份。這就是實說，這就是物通過兩種不同之表象，而有兩種不同之身份，此即對物之實說。開始是虛提，然後是實說。

這一實說，嚴格講，能眞正成爲知識之對象的乃是作爲現象身份的物。物成爲現象，才能爲知識之對象，此對象之意義乃爲實說中之實說，實說中之對象，這是眞實的對象。

至于他之在其自己之身份，嚴格講不能爲我們知識之對象，由此意義嚴格講，它根本就不能有對象之意義。所以若把同一物說爲同一對象，進而說對于同一對象有兩種不同的表象，則此同一對象之現象身分的表象才是實說的對象，此對象的意義乃是實說中之實說，至于其在其自己之身分之表象是虛說的對象。此對象之意義乃爲實說中之虛說。

第二點康德又說「現象與物自身」之區別爲主觀之區別，這乃根據前一句而來。不是說客觀方面有兩種不同的對象，所以這個區別完全是由主觀方面講。這個區別是依待于主體的。假若說客觀方面擺有兩種不同之東西，那麼這兩種就成爲客觀的分別。客觀的分別是依待于客體。而客體方面是同一物，這個物有兩種不同之表象，一言表象就不能離開主體，不能離開主體方面之活動，所以他第二句話就說這個分別爲主觀的分別。主觀的分別這句話很有意義，這句話是根據前一句話而來的。

主觀的分別，依我們的了解，同一物或成爲現象，或成爲「物之在其自己」，完全是依待于主體來決定。就它成爲現象之身分而言，依待于主體有兩個層次。第一層是感性，第二層是知性。這個東西若與感性相接觸，在感性之形式條件之下被表象，就是說在時間空間之中被表象，則它就成爲現象，即依靠感性主體之接觸而成爲現象。此物與我們之感性主體相接觸而呈現在我的眼前，在感性之形式條件下呈現，也就是在時間空間之條件下呈現，它就是現象。離開時間空間就沒有現象。故言現象依待于感性之主體，此乃就現象之爲一呈現講。一個對象要呈現到我的眼前，必須通過感性，若無感性則不能呈現到我的眼前。假若通過感性之主體而呈現到我的眼前就成爲現象，則它就不是「物之在其自己」。此爲依待于感性主體之意義。

第二層再往上高一層依待于知性，依待于知性以爲現象，這一層之分際是就現象之決定而說的。依待于感性乃就現象之呈現而說，依待于知性乃就現象之決定而說。這個決定就是康德所說的 determination，或單數或多數。這個決定一方面通過知性主體之決定活動（動詞意義之決定），一方面亦通現象之樣相——由決定活動而成之現象之樣相。此樣相就是現象之定相。有一個決定就有一個相，就是定相，此定相恰當地合乎康德 determination 之意義。這些定相，就知性層而言，以其能成爲客觀之知識，乃是現象之客觀定相 (objective determination)。這些客觀定相是那些定相呢？此不能籠統說，就是十二範疇所決定的那些定相，每一個範疇就是現象之一個定相，有十二範疇就有十二個定相。

十二個定相，其中前九個爲實定相，後三個爲虛定相。十二個算是綱領，在此綱領之下，可以引出好多。但不管怎麼多，都是在此綱領系統之下，不能隨便舉的，此有原則性而成系統。前九個是實定相，譬如就量相講也就是量性，性比較根本一點，表現于外面就是量相。此即法華經所言之如是性如是相，其實性相兩個字是同一個意思。就量性講乃現象之量之定相，說量性也可，說量性之定相 (quantitative forms or modes) 也可，量性之定相有三個，有一性，有多性，有綜體性。說一相，多相，綜體相也可以，此乃性相通而爲一說。法華經說，如是相，如是性，如是體，如是力，如是作，如是因，如是緣，如是果，如是報，如是本末究竟等。前九如以康德的詞語說，就是現象之決定相，所以以名詞講決定爲定相。

從這個定相馬上就想到誰來決定現象之定相，來決定現象使之有如此這般的定相呢？由名詞之決定馬上就想到動詞之決定。此動詞之決定就是由知性 (understanding) 來決定的，主體就是知性，知性通過統覺之綜合統一，以範疇來決定現象，就成爲現象之定相。

如量有三種，質有三種，關係也有三種。質方面的定相有實在性 (reality)，虛無性 (negation)，限制性 (limitation)。此三個也是現象客觀方面之定相。關係方面呢？本體屬性之常體性決定現象之常住相。儘管現象在時間裡不斷地在變，刹那刹那地變，但一旦依常體以決定之，則它就有常住相。常住相有常住相之根據，其根據就是常體，那就是關係範疇中本體那個範疇。那個本體範疇並不是理學家所說的本體工夫的那個本體，完全乃就現象之常體性說的。所以 substance 一定要通過 permanence 來了解。permanence 即常住不變，有常住性常住相，還有隸屬于常住相之屬性 (attribute)，所以本體屬性也是現象之客觀定相。還有因相果相 (causality)，我們也可以決定現象之原因性，這一個現象可以做爲某某現象之原因 (cause)，原因爲範疇。原因依休謨之分析，乃由我們的主觀加上去的，現象界沒有一個東西叫原因，原因指表一種狀況，是我們對某一種狀況以我們主觀的聯想，主觀的想像加上去的。依康德的說法乃由我們之依綜和而加上去的，或通過綜和而以原因範疇決定成的，因爲現象在物理世界裡，如吃砒霜就死，吃砒霜是一個活動，一種情況。你現在把砒霜吞下去，這一個物質進到你的胃腸，它在你的胃腸中就有一種情況出現。這種情況與你的胃腸相合或不相合，這些只是狀況。因此，並沒有什麼東西叫做原因，什麼東西叫做結果。故原因結果這個概念是加上去的。它的底子實在是對狀況的描寫。

這種理論可以幫助我們去了解康德所說的範疇。若憑空說「原因」是一個範疇，是沒有人懂的，義理的底子一定要這樣了解。沒有一個東西叫做原因，只是某種現象配合在某種情況裡就產生另一種情況。那麼我們就把前面的某種情況綜和起來名之爲原因。這樣原因這個概念是由我們加上去的。依休謨言，此完全是我們的主觀聯想，主觀虛構 (fiction)。休謨的說法是心理學的 (psychological) 講法。由主觀之聯想虛構一轉而爲康德由知性之思想上講，我們就可把此詞語不說是主觀的虛構，而說是一種先驗的綜和 (apriori synthesis)。在此，由中國人看來，康德費那麼大的力氣來批駁休謨，其實結果似乎差不多。

一個是純主觀的說法，由主觀的聯想憑藉感覺經驗而成的虛構，毫無實在性。此當然主觀的意味太強，心理學的意味太強，是經驗主義的說法。康德把原因這個意思由知性上講，知性之作用是思想 (thought)，思想一定要使用概念才是客觀的思想，這樣一來客觀意義就呈現出來，這樣就不大好意思說它是虛構，一轉詞語就是 apriori synthesis，說穿了不是差不多一樣嗎？也許中國人之差不多，依西方人看或許差得遠。我們順著他們的習慣，康德說這是先驗的綜和，有客觀性、普遍性，因而也有必然性，這不是經驗主義的說法。

原因就是代表一種綜和，綜和是就感性所呈現的現象系列而說的，它表示不是由此系列中的某一分子概念本身可以分析出來的，而是在此分子概念以外加上去的，但不是經驗的聯想加上去的，而是由知性概念先驗地加上去的。是故原因結果這個關係之綜和爲先驗的綜合(apriori synthesis)。我們的知性就通過 causality 這個範疇，把現象綜和起來。在此我們把吃砒霜稱爲原因，把死稱爲結果，把吃砒霜與死這兩種不同之情況結合起來，說是天下之事情一定有原因與結果這種因果關係，這不是由感覺經驗從外面得來的。在感覺經驗上只有吃砒霜與胃腸合在一起，而有一種狀況出現。並沒有一個東西叫做「原因」，「結果」也是如此。這樣一來，這樣的綜和一定是先驗的綜和，一定是由知性發的，不是從外邊來的。這樣，原因一定客觀地在結果之先，一定客觀地有力量產生結果，而不是心理學意義的主觀虛構。這樣的因果綜和是一切經驗知識之立法性的形式條件。

這層意思我們還可以從另一種說法表示之。吃砒霜與死這兩種狀況，這可以說是對現象狀況的一種描寫。用這種詞語也有一套理論，大家要注意當你了解這一套理論時，你便可了解康德爲什麼要把因果性等看做是先驗的概念。不但因果性，本體，屬性這些等等，質與量等等都是。其實這客觀的底子用羅素的方法，可使你心中明白，可以心中通得過。否則只服人之口不能服人之心。說那些概念是範疇，是先驗概念，其實也沒有人能懂。我們想把這一點克服。

我們可以這樣想，即：原因與結果，還有佛教所說的生滅常斷等這些觀念都可用羅素的摹狀說 (theory of description) 來說明。摹狀說是羅素數學原理 (Principia mathematica) 中很重要的理論。他說屬于摹狀的東西是描寫一種情況、境況。這情況、境況不是一個個體物。個體物可用符號如a、b、c等來表示，此名曰完整符(complete symbol)，如粉筆。但摹狀中的符號如這一個作春秋的聖人，又如某某是原因，是可以解消的，這稱爲不完整符號(incomplete symbol)。這個名詞也很有啟發性。羅素這一套理論很可以幫助我們，儘管羅素不用康德之詞語說是範疇，範疇決定的，是先驗的綜和。但可以把這一套理論用來使我們了解康德爲什麼名因果等曰範疇，範疇由知性發，爲什麼由範疇說先驗綜和(apriori synthesis)。

假定是完整符，是客觀的，假定客觀世界有一個東西叫做原因、結果、生、死，這些都是完整符，那麼它們都是由經驗來。康德說這些東西是由乎範疇，是先驗綜和，因爲這是對現象說。假如把現象看做是物自身，一切東西都是從經驗來。如何能有先驗綜和呢？（就物自身說經驗，這經驗也不是普通意義的經驗）

範疇是就現象講，知性所對的是現象。範疇之爲範疇只能應用于現象。先驗綜和的綜和，綜和的是現象。所以當康德說現象時，有他特別的想法，不是我們一般心目中所想的現象。我們通常所想的現象都把它當做是天造地設，這樣你所說的現象，嚴格講就是物自身。這並不是康德的意思，所以康德講假如把現象都看成物自身，那麼一切東西都從外來，只有由經驗而來，如何能有先驗綜和判斷呢？先驗綜和判斷的思想根本不可能。作爲一個思想家康德是很一貫的。但他堅持一定有先驗綜和判斷。那麼先驗綜和判斷所判斷的東西一定是現象而非物自身。

我們以爲是由經驗來，這是由于我們把現象視爲物自身，這是我們自己的錯誤。假定是就現象講，在現象的層次上不把現象看成物自身，則利用羅素那套摹狀論，先在心中了解那些生、滅、常、斷、一、異、來、去，乃至量性，質性，關係性等都是摹狀論下的不完整符。這些都是可解消的，因爲不是有一個一定的東西叫做生、死，就如a、b、c，所指表的個體東西那樣的完整符。因爲若是如此，則那是客觀的，由外面來的，不是屬于先驗綜和的。這樣可以幫助你了解康德的意思。

通過羅素的摹狀說中的不完整符，你才可以了解佛教中觀論的那種八不緣起，那種就緣生法而說的不生不滅不常不斷不一不異不來不去。本來言緣生而又言不生不滅、不一不異、不常不斷、不來不去，這豈不是自相矛盾的嗎？那麼第一步我們先叫它不生矛盾。順緣生法而言有生有滅有常有斷，這在佛教也是可以說的，並不必是矛盾的。順俗而言生滅常斷，這乃是佛教所說之識之執相。順緣生法而言生滅常斷一異來去，此嚴格講，是屬于識的執著；執著的相就是定相。但是康德在這裡說決定(determination)，不說執著。康德說知性的決定，但佛教說你所說的決定就是知性的執著。綜和就是執著，康德說的三層綜和，由感性、想像、知性說的綜和就是代表執著。

但西方哲學家不說執著，而說綜和、定相、決定。雖不說執著其意思一樣。所以不說執著乃是因西方講客觀的知識，故不喜用有顏色的詞語，執著是有顏色的。講知識若如理而客觀地講之，是沒有顏色的，是理上就應如此的。

廣義地說，不管是感性也好，知性也好，理性也好，在佛教言都是屬于識。但在西方哲學的傳統講純粹的客觀知識，也沒有這個顏色，也不說其是識。依西方人言，人類本來就有這些認知機能。一說「識」，大都是對「智」而言，識與智相對翻。但對西方人言，我們就只有這樣的感性知性與理性，沒有其他東西與之相對翻，故也沒有「執著」這種有顏色的詞語。

但佛教言識就有智與之相對，因此就可以加上顏色。爲什麼呢？智的方面沒有執著也沒有定相，也沒有所謂的綜和。但康德也有與人類的感性、知性、理性相對翻者，此即神的直覺，神的知性，神的理性，只在人類本身無識智之對翻。假如像佛教所說「轉識成智」，成一切智，道種智，一切種智，在此智的立場上所講的，康德一看就知道，在這裡不能有綜和可言，也沒有概念可言。因爲綜和就要靠概念，没有概念就没有綜和，而綜和只能應用于現象，不能應用于物自身，只能應用于感觸直覺，不能應用于智的直覺。佛教說識智之對翻，說智之妙用，這是很玄的。西方人無「轉識成智」之義。康德雖知道綜和不能應用于物自身，不能應用于智的直覺，但因爲他堅持人無智的直覺，所以他雖大體可以知道，但他不能瞭如指掌。所以我講這些東西，是要幫助你們了解中國哲學，而且你若眞正了解中國哲學，對康德那一套一下都能了解，而且了解的分寸很恰當。儘管佛教說執，說定相、執相，康德不說這些，你也能了解康德所說的一切。你若了解了康德，你也自能了解中國哲學。

你只有在存在方面，客觀方面，把因果常體等先看成不完整符，你始能把它們瓦解掉。若把它們看成是完整符，就不能把它們瓦解掉。看成完整符，天造地設，怎麼能隨便解消呢？這樣一來只有訴諸于經驗，我了解它們要靠經驗，這樣先驗綜和就根本不能有。但事實上我們是有先驗的綜和，先驗綜和的命題到處都有，康德一定要堅持這些東西。數學中要靠先驗的綜和，形而上學中有先驗綜和，科學知識中有先驗綜和，道德中也有先驗綜和。這是不能抹殺的，不能曲解的。你若一定要否認先驗綜和，只承認純概念的分析命題才有必然性，如是，則你當知分析不能給我們什麼東西，分析命題沒有用的。你若看綜和都是經驗的綜和，則經驗綜和沒有必然性。如是，則流入懷疑論，科學知識沒有其可能性底先驗根據。是故康德一定說先驗綜和。

這些詞語並不容易懂。現在的人大體不能承認康德所說的先驗綜和判斷。英美人始終不能了解。他們一言綜和就是經驗綜和，那裡有先驗綜和呢？光康德的說明是不夠的。人們不能懂，尤其中國人看見這些名詞更面生（不熟習），所以需要說明。

摹狀論是一種說明的方便，這樣可以使你眞正了解何以說先驗綜和之故。這樣你當初頑固的抗議性，心中的不安性不是解消了嗎？這可幫助你了解。說它是不完整符號可以瓦解，這是邏輯分析中的說法。

這在佛教是怎麼說呢？說它是什麼呢？用什麼詞語來說呢？佛教本來就緣生法而說因緣生起，而又說不生不滅，這不是自相矛盾嗎？結果爲什麼說「不生不滅不常不斷不一不異不來不去」，「諸法不自生，亦不自他生，不共不無因，是故知無生」？在佛教爲什麼講「無生法忍」？爲什麼要把「生」這個觀念拉掉？「生」這個觀念怎麼能拉掉呢？在佛教怎麼說法呢？怎麼能看成不完整符呢？不完整符就可以瓦解掉，在佛教没有這個名詞。「諸法不自生，亦不自他生，不共不無因，是故知無生」。雖無生，而又說生相宛然。如幻如化的生，佛教是不反對的。生相宛然，宛然就是 as if，宛然的生就是 as if 的生，宛然的生就是如幻如化如夢如影如泡等等，如金剛經所說的，結果這一句話是什麼意思呢？「生無自性」。所以依他起性是說一切法依他而起，爲什麼依他而起呢？就表示「生無自性」，即唯識宗所講的三性，三無性。依他起性是生無自性性。假如生有自性呢？它就是完整符（complete symbol），這是不能去掉的。生無自性就表示生是不完整符，它指表一種狀況之描寫，它根本沒有自性。沒有一個東西叫做生，叫做原因，叫做結果。在這裡佛教也可幫助我們。

生無自性，所以說依他起，所以才說一切是依他而起。既然依他起就沒有一個東西有自性，此即生無自性性。在識的執著的範圍內，就有生有滅有常有斷有一有異有來有去。既然是執著，執著就可以化掉。把執著化掉，在般若智的層次講就是「不生不滅不常不斷不一不異不來不去」，所以「不生不滅不常不斷不一不異不來不去」是在般若智之智照下說的話。

佛教說實相般若，不生不滅等，我們不可把這些詞語看成是邏輯命題（logical proposition）。「不生」不是一個否定命題，否定了現象的存在。「不滅」也不是一個否定命題，否定了消逝之可能。因爲若這樣它就是一個知識命題，成了一個陳述——否定的陳述。可是不生它也不滅，說不滅它也不生。你說不生應該滅，但它也不滅；不滅應該生，但它也不生。所以這些每一句話都不是邏輯命題，不是邏輯的陳述（logical statement），所以它才能代表實相般若。所以你看不生，以爲不生就是一切東西都沒有起現，沒有存在；看不滅就是一切東西都停在那個地方而不消逝，這樣你便錯了。你看不生就是滅，看不滅就是生，你又錯了。又，你若看不生不滅是意指一個永恆常在的東西如上帝或常理等，那你更是誤解。

這種頭腦就不能了解佛教。本來我們的傳統不重視邏輯性的思考，不喜歡運用肯定否定的邏輯辭語，訓練訓練西方的邏輯也很好，但訓練不好而死在這裡，以爲到處都可以用這個辦法來處理，這又壞了。扶得東來西又倒，這很麻煩。譬如般若經說「般若非般若，是之謂般若」，這是詭辭（paradox）。但是若眞存在地體現般若或實相般若，就必須用這類詭辭以暗示之。這在佛教名曰遮詮語。遮詮語不是對一肯定而作否定，因而成一否定的陳述。這裡沒有肯定否定的矛盾，亦沒有客觀地指說什麼或抹去什麼。它畢竟沒有說任何客觀的事。它只主觀地消融了一切黏滯，而結果是主觀地一無所有，是生命的絶對灑脫或解脫。這就是眞般若。這裡沒有矛盾或不矛盾，這即是超越了邏輯層。當然我的辯說過程仍須是邏輯的，我的邏輯的辯說中辯說到某分際而須出現這弔詭語，這弔詭語我們須名之曰「辯證的詭辭」，而不名之曰「邏輯的陳述」，這也是邏輯陳述層次以外的。

般若不是一個東西而可以對之作肯定或否定的陳述。假若你說：般若是什麼什麼，這是肯定命題；可是般若非般若這又是否定命題。前一句是在什麼情形下的肯定命題，後一句是在另一種情況下之否定命題，這兩句是在不同情況下之兩句話，所以不矛盾，不矛盾就是合邏輯。你若是這樣解說，那就完全不相應。你是在詞語之意義中打轉，永遠貼合不上般若。「般若非般若」這一整跌宕是不准分開爲兩種不同的客觀陳述。它是一種弔詭，藉這種弔詭（表面詞語上有矛盾相的弔詭）來主觀地消解一切黏滯。這就是「玄」。這些也需要語意分析以明其意。假如你眞正做語意分析，這些都需要分析。但一般學習語意分析的都沒有這個能力，連舉一個例都不會，英國人舉的例他們照樣拿來用，自己也不能找到例，沒有分析的頭腦。

分析也不是容易的。分析本是一種方法，但現在一般講分析的卻成了一種主張，而且只限于經驗知識，只在此層次上進行分析。我們的語言可以到處應用，因此，當有不同層次不同範圍的分析，但是現在講分析的卻只定在知識範圍內，離開那個範圍他們就不會了。所以他們一看黑格爾的話，分析的結果都是無意義的，因爲他們把分析只限于一定範圍之內，只限于經驗知識 (empirical knowledge) 範圍內。而在經驗知識範圍以外的，如「道可道，非常道」，就分析不了，沒有辦法分析了。譬如說「般若非般若，是之謂般若」，分析的結果是兩個不同意義的邏輯命題，不矛盾，還是在邏輯控制之下的。這便沒有把這句話分析明白，這不是分析，而是取消，把這句話分析得沒了。所以你要講分析，也須要訓練，先訓練知道有各層次各範圍的分析。若訓練的結果，把「般若非般若是名般若」看不出是 paradox，而以爲是兩個不同意義的邏輯命題，而不矛盾，這樣拆開便是分析得不對。

佛教說無自性，生無自性。生無自性，滅無自性，常也無自性，那八個均是無自性的。若總起來單就一切法之依他起性說，便是「生無自性性」。但是一般在緣起法上有種種的執著，既執著有生，復亦執著有滅、有常、有斷、有一異、有來去，乃至種種其他執著。這便成了「遍計執」。遍計執講的是「相無自性性」。生也是相之一，故此八個相也都有「無自性性」。每一個相是由計執而成的，故計執就是相的特性。既是由計執而成，故知相之計執性就是以無自性爲性，就表示其本身是站不住的，可以瓦解的。爲什麼可以瓦解呢？因爲是我們的執著，既然是執著就可以化掉，這就是所謂的「相無自性性」。

所以康德所言之定相，依佛教看，就是屬于遍計執，因而就是相無自性性，故羅素可以把它看爲摹狀論下的不完整符，康德則看爲先驗的綜和。假定有自性，你怎麼能說先驗的綜合呢？康德也知道我們若把現象看成物自身，物自身就是天造地設地擺在那裡，那就是佛教說的有自性。假若看成物自身時，如何能有先驗綜和呢？一切都只有訴諸經驗，這不是很一貫嗎？一般人不了解康德這種辯論。所以不了解是因爲不了解他的現象與物自身之分別之殊特。康德實在很了不起，他是眞有識見的。

所以在這裡康德言先驗綜和與羅素在摹狀論中說不完整符，是相通而不相敵對的，可以相消相融。這要靠自己的思考，高度的思考。但沒有人能看出來由摹狀論中的不完整符可以想到先驗綜和，沒有人能往這方面想。兩個完全不同的世界怎麼能拉在一起呢？但你看久了就是這樣。

所以從「決定」當動詞看，是誰來決定呢？是知性來決定。知性如何能決定而使現象有如此這般的定相呢？答覆是：通過統覺的綜和統一，拿著範疇去決定。拿一個範疇去決定便決定成一個相，拿十二個範疇去決定便決定成十二個相。在佛教的中觀論就是八相，其實不只八相，多得很呢！法華經的前九如都是這些定相。如是相，如是性，如是體，如是力，如是作，如是因，如是緣，如是果，如是報，這前九如都是屬于定相，都是屬于「相無自性」的。

所以現象成其爲現象，現象與物自身的分別，康德說是主觀的。主觀的意思就是依待于主體，就現象講，依待于主體有兩層。在感性主體前，現象在時間空間中呈現到我的眼前來。知性主體把感性所呈現的現象通過範疇來決定它，使它有定相，所以依待于知性主體是現象之決定。通過範疇以及通過知性統覺之綜和統一的時候，現象就成爲決定了的對象(determined object)。當感性呈現之的時候還不是決定的，康德名之曰「未被決定的對象」(undetermined object)。

以上由現象與物自身之分別、現象之呈現、現象之決定，說到佛教的八不緣起，相無自性性（遍計執），並方便地以羅素之摹狀說中的「不完整符」疏通之。這三者的說統各有原委。佛教說八不緣起，說三性、三無性，爲的說空，說般若，說實相，說執，說煩惱，說解脫。羅素的摹狀說是邏輯分析中的理論。康德的超越的分解爲的說經驗知識底可能性之根據，並明知識之所及與所不及，明知解知性之限度，並爲實踐理性留餘地；規模弘大，識見超卓而中正。三者原委不同，故詞語有異，亦有周備不周備。然有一點須注意，即：不管是從那個角度，總要一致，貫徹到底，說話說到什麼程度是有分寸的，都有一定的。在現象之決定這一面，話就要這樣說，所謂「異地則皆然」，這是中國人的頭腦。

現象之所以爲現象是依待于主體，那麼物自身呢？這個分別是主觀的分別。根據前面，這個分別是「同一物之兩種表象」，不是有兩種對象。假如有兩種對象，那麼這個分別是客觀的分別，不是主觀的，但這個分別是主觀的分別。

那麼「物自身」或「物之在其自己」這個身分，它依待于什麼主體呢？依待于什麼主體來表象它呢？現象與物自身之區別是主觀的。康德說了這麼一句漂亮的話，很有意義的話。但「物之在其自己」之身分之表象卻落空，沒有表象，不能有表象。而且假如在這裡有表象可以推想，譬如說「物之在其自己」不是知識底對象，我們的知識達不到，不只是感性達不到，知性也達不到，因此時間空間不能向它應用，範疇也不能向它應用，這些表象都是消極的(negative)。那麼「物之在其自己」究竟是什麼?這「是什麼」的正面表象卻一個也沒有，這不是落空了嗎?

對現象那方面有表象，這個表象是正面的，積極的。現象在時間空間中呈現，在十二範疇之應用下被決定，說得頭頭是道，都擺在你的眼前。但「物之在其自己」則沒有表象，我們只能說它不是什麼，不是什麼。光說不是什麼，不是什麼，究竟不能告訴我們是什麼，這樣就沒有正面的表象。假如康德說有進一步的表象，這表象依待于主體。所依待的主體是什麼?康德說依待于「非感性的直覺」，這也是主體啊!假如要依待于主體而有正面的表象，而不只是不是什麼，不是什麼，則就要依待于一獨特的主體。那麼這獨特的主體是什麼?他說那是「非感性的直覺」(non-esnsible intuition)，正面地說就是「智的直覺」(intellectural intuition)。

但是這種直覺我們人這裡沒有，我們所有的直覺只是感性的直覺。我們人除感性直覺以外沒有其他的直覺，沒有這種智的直覺。沒有這種直覺而又說這個分別是主觀的，那麼這個主體只一端有效，另一端沒有效，一端落空了，成了一個蹺蹺板，這一邊蹺起來，那一邊就落下去了，永遠不會亭亭當當地兩端都挺立起來。

所以康德說現象與物自身的分別是主觀的，這句話雖甚好，但康德並沒有充分證成之。在這個地方東方人的思想可以充分證成之。兩端都可以給你亭當地挺立起來，這樣你說這分別是主觀的才可以真做到，否則只做到于現象這一面，表象的很明白，真可以說對之有表象，而那另一面卻落空，對之實無所表象。爲什麼落空？因爲人沒有智的直覺這個主體。那麼這個主體放在那裡？放在上帝那裡。

「現象與物自身」之分別依待于主體，在中國這兩端所依待的主體都在我這裡。依靠這一主體就是現象，依靠那一主體就是物自身，清清楚楚兩端都有表象，同時都從正面講，都是充分地被證成了的。康德則不然，這一端所依待的主體在人，另一端所依待的主體在上帝，此等于把主體錯開。所以他雖說這句話，但他並不能充分地證成之。

康德說「現象與物自身」之分別是主觀的，是同一對象之兩種不同表象，並不是有兩種對象擺在那裡。這種說法很有意義，中國人很能承認這個說法。譬如王陽明與佛教大德聽到這種話，他們必會認爲這句話說得很有道理。但若聽到康德的那一套說明，他們必會覺得這句話雖然說得不錯，但他卻沒有充分地證成之。爲什麼緣故呢？正是由于他把主體錯開。

中國人一看就知道了，了不起。你不能瞧不起中國哲學，中國哲學比他們高明多了。你放在上帝那裡，上帝是上帝，人是人，上帝的事我怎能知道呢？只是推測而已。所以結果「物自身」這個概念是個消極的概念，是一個有限制作用的概念（只用來限制我們的知性概念之隨便氾濫——只可應用于現象）。而其本身我們不能說什麼，一無所知。既然如此，物自身這個概念在康德的系統裡成了一個累贅，一般人都想把它去掉，以爲「物自身」沒有什麼道理。但這在康德實在是不能去掉的。西方人很不能了解康德這一套。但中國人很能首肯，一下子就能承認，而且能充分地證成之。所以我說他這個分別有特殊的意義。我們很可以充分地說明之。

現象依待于感性主體而成，即當一個東西和感性相接觸，就成爲現象，現象是感性所挑起或所縐起的。縐是「吹縐一池春水」之縐。我認爲這很能表示康德的意思，而且能表示得很美，而且很容易使人了解。本來就只是春水，春水本身並無所謂波浪，波浪是靠風吹起來的，風一停就是一面平靜的鏡子，並沒有波浪，波浪就是現象，此不是很容易懂嗎？此就是同一物之兩種不同表象。

現象是爲感性所縐起所挑起，一縐起便有紋路。知性就是通過思想之功能，追隨著感性所縐起的紋路，而以概念去決定之。通過以知性概念決定之，那些紋路就成了定相。所以一物爲感性所縐起，爲知性所決定的就是現象。假定一物不對人之感性之縐起而呈現，也不爲知性所決定，而退回到其自己，這就是「物之在其自己」。

這個時候，「物之在其自己」一無所有，這樣就沒有紋路可言。現象是在紋路裡成其爲現象。在量、質、關係中成其爲現象。但量的紋路，質的紋路，關係的紋路，都是靠感性在挑起時就隱伏在那裡，不挑起就沒有這些紋路。沒有這些紋路，一物就回歸于其自己。這時它什麼也不是，這就是康德所說它不是知識之對象，不在時間空間中，不在範疇之下；它是什麼東西我們不知道，它是沒有「是什麼」。

就是說到上帝的智的直覺時，也不能說出有什麼紋路，正面不能說什麼。但就智的直覺講的時候，智的直覺爲創造性的直覺，與感性的直覺不同。感性直覺只把東西呈現給我們，智的直覺是創造這個東西。上帝直覺一個東西就創造一個東西，所以智的直覺都是創造性的直覺。儘管用的同是直覺這個字，感性之直覺是呈現之原則 (principle of presentation)，而智的直覺是實現化之原則(principle of actualization)，它本身代表創造性，故亦是創造性之原則。此兩種直覺之義用完全不同。一個是認識論的(epistemological)，一個是本體宇宙論的(onto-cosmological)。

康德也知道他是創造性的，但是他常常用我們說明感性直覺之方式來說智的直覺，其實是不能用的，所以有些詞語是不妥當的。這不去管他，你只要把大體脈絡弄清楚，與中國人的思想一比較，就很容易了解。所以假定說一物回歸于其自己，不在時間空間中，不在十二範疇下，則它什麼也不是。

就直覺而言，我們只能說智的直覺是創造的，其所創造的東西是物自身，對之不能說爲有質、有量、有關係，蓋因這樣一說又把它現象化。這是你這樣說的，上帝沒有說這些話。所以上帝智的直覺所創造的每個東西都是純一。上帝所造的是個體，而且是在其自己的個體。創造之後有些什麼量、質性、關係性，這是人的事情，在上帝是沒有的；在上帝面前粉筆只是純一的粉筆，說話只能說到這裡，這就是最眞實的了。假若以爲在這裡說成純一還不過癮，一定要了解它的量性、質性、關係性才過癮，這一動手術就壞了，一動手術最眞實的粉筆跑走了，沒有了。這一點康德已見到，所以他說上帝只創造物自身，不創造現象。

現象是一物對人而現者，在上帝面前一物是純一，是最眞實的純一，它沒有雜多，亦沒任何的虛幻，因爲一加上時間空間就有雜多，一加上概念，概念底綜和就是綜和雜多。因此，當然你知道了很多。但你須要知道，通過綜和、分析、抽象這些手術，就有虛幻，就不眞實了。這當然不是說它是完全虛妄，但我客氣一點可說它是現象。這樣了解很好，所以紋路就在春風一吹縐起的，風一吹有紋路才有這個可說，那個可說，光是純淨平舖的一面鏡子什麼也不能說。你只能說些籠統的話，如「清如水，明似鏡」。「清如水，明似鏡」，你對它的量性、質性、關係性一點也沒有說，而且它也根本不能有這些。

康德有時候，說話也不小心，他說我們所了解現象的關係是怎樣怎樣，是在時間空間的關係中，是在十二範疇的決定之下，至于這「物自身」本身的關係是不是如此，我們完全不能知道。這句話本身就有問題。物自身本身是沒有一套關係的。不是說：我們所了解的一套關係是怎麼樣，怎麼樣，至于物自身的那一套關係是不是如此我們不知道。這說法是不對的。實則不但我們不知道，乃是它根本沒有。所以當他說「物自身的關係是不是如其呈現于我眼前者那樣，我們不知道」，他說這些話時，他心中就不明透。他所以不明透的緣故並不是他不行，而是由于他沒有像中國學問傳統那樣的傳統，所以他常常出毛病。

假如叫中國人一看，叫王陽明一看，他就知道你這個話有問題。又假如叫龍樹菩薩一看，他定會說你這話是不對的。爲什麼不對呢？依龍樹菩薩，當該怎麼說呢？當該說物自身沒有紋路，也沒有自己一套關係擺在那裡。在般若經中怎麼說呢？用什麼來表示這個意思，表示什麼都沒有呢？答曰：用實相般若來表示。什麼是實相呢？「實相一相所謂無相，即是如相」。如相那裡有紋路呢？所以龍樹菩薩一看你這句話就知道你不明澈。這些紋路是縐起來的。實相就是物之在其自己。照佛教講，實相就是般若智所照之「諸法實相」之實相。般若經所說之「實相一相所謂無相即是如相」，這是般若經中最漂亮的話。般若經說了那麼一大堆，說來說去只是這一句話。什麼叫做實相？實相就是一相。這個一相不是一、多、綜那個量相中之一相。這個「實相一相」的一相就是「無」這個相，也就是沒有相之一無所有，這個一是這個意思的一，不是量方面的一。假如你認爲是量相中的一多綜中的一，那你又了解錯了。實相一相所謂無相即是如相，那麼紋路自然就沒有了。這個很漂亮，這個就是法華經裡所說的實相。「如是本末究竟等」，十如中最後這一個如就是實相。前九如是定相，是現象中的定相。十如前九如與最後一個如層次不同，此即康德所說的現象與物自身之分別之本意。此與我們平常所了解的完全不一樣。

我們平常所了解的，大體都是洛克的那種說法。物性之區分，依洛克有第一性，第二性。第一性是屬于物，客觀的，第二性是主觀的。但康德說你這個分別是經驗的 (empirical)，你這個客觀也不是物自身，仍是現象。你的第一性第二性之分都只是經驗上的。

要不然就是來布尼茲的那種區別，這種區別是感性無獨立的意義。來布尼茲是理性主義者，完全以邏輯思考中的態度來看這個物，一說物就是對知性而爲對象。嚴格講，對象是具體的對象，感性才能使其具體，但來布尼茲認爲對象是對純知性而爲對象，感性無獨立的作用，那麼這個對象就在抽象狀態中，是思想中的對象，理智化了的對象，由我們邏輯分析地把它分析，分析得非常清楚明確，以至于完全可以符號把它表達出來，這時我們的知識就叫做清明的知覺 (clear perception)。所謂清明的知覺意即你能把對象分析窮盡，而且能完全符號化，都變成數學。但若有感性成份參加在裡面，這個感性的成分，把人的邏輯分析常弄成混闇，使人模糊而分析不清楚，而不能完全以符號表達，那麼這時，就是混闇了的知覺

(confused perception)。科學的知識就是混闇了的知覺。來布尼茲能說這種話也不得了啊！現在的人崇拜科學，怎麼科學是混闇的呢？可是來布尼茲說它就是混闇的知覺。爲什麼呢？因爲我們的自然科學有感性參加在內，不能離開感性，但感性又對我們的邏輯分析構成一種障礙，一種騷擾，使你頭腦不清楚。因感性內有物質性，這個物質性是麻煩的，它使經驗知識不能像數學中純形式那麼清明。物質性有昏暗暗濁性，物質性參加在內的地方都會暗濁，暗濁就不能以邏輯分析把它窮盡地分析明白，不能窮盡地分析明白就不能完全符號化。

所以來布尼茲有這樣的兩種知識，嚴格講，其實只有一種，感性參加的沒有獨立的意義。因爲他一開始說對象就對知性而爲對象，所以康德說你這種對知識的分別，分成 clear perception 與 confused perception 是邏輯的分別 (logicall distinction)，把一切東西理智化。洛克的那種分別都是起自感性，一層一層經過反省 (reflection) 而至抽象的概念，其實都是受制于經驗。而來布尼茲的說法，感性無獨立的意義。此兩種說法完全是相反的。沒有人了解來布尼茲能達到康德這樣的程度。

我們平常所了解的關于對象的分別，大體不是取洛克的分別，就是取來布尼茲的分別，沒有康德意義的分別。洛克的分別是經驗的 (empirical)，來布尼茲的分別是邏輯的 (logical)。康德這種「現象與物自身」的分別是超越的 (transcendental)，稱爲超越的分別。超越的分別爲超越哲學中的分別。超越哲學中的分別就是物自身根本不能被認知，不是說感性參加進來把我們騷擾，把頭腦弄糊塗了，而了解得不明白，有明有暗。而是你根本不能知道，你就是最清明得了不起，完全數學化，你所知的還是現象而不是物自身。所以物自身是

超越的 (transcendental)，因此，這個分別就叫做超越的分別。

超越的分別是不容易了解的。我以上根據康德所說的兩句話，第一句：「不是有兩種不同的對象，而是同一對象的兩種不同表象」，第二句：「這個分別是主觀的 (subjective)」，詳細地加以說明。這裡頭含有好多意義，你把這些觀念都得記得。在康德看起來，現象不是天造地設的，是一物之對人的主體而現，是人之感性主體所縐起來的。一物若不對人的感性主體而現，而回歸到其自己就成了物自身，物之在其自己。這豈不是同一物而有兩種不同的表象嗎？康德又說上帝只創造物自身，不創造現象，在上帝面前無現象。這話也很有啟發性，其中義蘊無邊。這些思想，依據中國的智慧傳統，都是很容易了解的。

我們今天講到這個地方暫時做一個結束。假如諸位想往裡進一步了解，要好好了解中國哲學。中國哲學那麼一大堆，一時念也念不懂。給你一個方便，可以看看我那部「現象與物自身」，那比較整理得有眉目，可以稍作幫助。中西雙方面都要緊，對中國方面，對西方哲學方面，都要下功夫，仔細用功的。所牽涉的每一概念都要了解，一步一步弄清楚。

所以西方哲學與東方哲學之相會通，只有通過康德的這一個間架才可能，其他都是不相干的。康德這個間架合乎大乘起信論所說的「一心開二門」。古今中外的哲學都是「一心開二門」。這一句話所表示的哲學間架 (philosophical frame) 有共同性。不過在人的思考過程中，有開得好與不好，有開出來有未開出來，有開得充分有開得不充分。其中或輕或重都繫于個人的哲學識見 (philosophical insight)，亦繫于民族的文化傳統。我們的這個課就講到這裡爲止。

國家圖書館出版品預行編目資料

中西哲學之會通十四講

牟宗三主講；林清臣記錄. – 初版. – 臺北市：臺灣學生，民 79
面；公分

ISBN 978-957-15-0086-7 (平裝)

1. 哲學 – 論文，講詞等

107　　79000456

中西哲學之會通十四講

主講者：牟宗三
記錄者：林清臣
出版者：臺灣學生書局有限公司
發行人：楊雲龍
發行所：臺灣學生書局有限公司
臺北市和平東路一段七五巷十一號
郵政劃撥戶：〇〇〇二四六六八號
電話：（〇二）二三九二八一八五
傳真：（〇二）二三九二八一〇五
E-mail:student.book@msa.hinet.net
http://www.studentbook.com.tw

本書局登記證字號：行政院新聞局局版北市業字第玖捌壹號

定價：新臺幣二〇〇元

一九九〇年三月初版
二〇二〇年三月初版四刷

10010

ISBN 978-957-15-0086-7 (平裝)

牟宗三先生著作目錄

周易的自然哲學與道德函義（重印本）	台北文津出版社
邏輯典範	三十年商務版
認識心之批判（上下）	台灣學生書局
理則學	台北正中書局
道德的理想主義	台灣學生書局
歷史哲學	台灣學生書局
政道與治道	台灣學生書局
中國哲學的特質	台灣學生書局
名家與荀子	台灣學生書局
生命的學問	台北三民書局
五十自述	台北鵝湖出版社
時代與感受	台北鵝湖出版社
中國文化的省察（中英對照）	台北聯經出版公司
才性與玄理	台灣學生書局
佛性與般若（上下）	台灣學生書局

心體與性體（三冊）	台北正中書局
從陸象山到劉蕺山（心體與性體第四冊）	台灣學生書局
智的直覺與中國哲學	台灣商務印書館
現象與物自身	台灣學生書局
圓善論	台灣學生書局
名理論	台灣學生書局
康德的道德哲學	台灣學生書局
康德「純粹理性之批判」（上下）	台灣學生書局
康德「判斷力之批判」（上下）	台灣學生書局
中國哲學十九講	台灣學生書局
中西哲學之會通十四講	台灣學生書局
人文講習錄	台灣學生書局
牟宗三先生的哲學與著作（七十壽慶論文集）	台灣學生書局
牟宗三先生學思年譜	台灣學生書局